DESARROLLO SOSTENIBLE DESDE LOS ESPACIOS NATURALES

I. MODELO GENERAL

Prof. Dr. Montoya Oliver, J. M.

Al grupo de reflexión ambiental "Tamarindo", por ser mis amigos, y... ¡Por la razón que nos mueve!

ISBN: 9781679454615
Sello: Independently published

Óleo de portada: "Alegoría del Desarrollo Sostenible" (José Miguel Montoya Mesón)

ÍNDICE

1. FUNDAMENTOS

1.1. HACIA UN MODELO GENERAL

1.1.1. Sostenibilidad y Desarrollo sostenible

En el año 2015, más de 150 jefes de Estado y de Gobierno se reunieron en la Cumbre del Desarrollo Sostenible en la que se aprobó la llamada Agenda 2030. Esta Agenda contiene 17 objetivos de aplicación universal, los llamados Objetivos para el Desarrollo Sostenible (ODS), que desde el año 2016 rigen los esfuerzos de los países para tratar de lograr un Mundo Sostenible en el año 2030. Se ha avanzado poco en el desarrollo práctico de estos ODS, pero sí se ha progresado bastante en su conocimiento, y sobre todo en el compromiso para tratar de alcanzarlos, mediante la implicación social y la de numerosos gobiernos. Entre las razones de los escasos avances, destacan las deficiencias tecnológicas, que son las que trataremos de contribuir a reducir ahora.

De los 17 ODS de la ONU estudiaremos ahora aquellos cuya base espacial son los medios más o menos naturales: el 14 (Vida submarina) y el 15 (Vida de ecosistemas terrestres). En concreto, los fundamentos y el modelo general propios de la ingeniería a aplicar en todos los espacios naturales del Planeta, marinos o continentales, terrestres o acuáticos, protegidos o no; para tratar de lograr, a partir de su manejo racional, el mejor desarrollo sostenible global posible. Toda acción racional sobre cualquier ODS repercute sobre todos los demás en mayor o menor grado; pues ninguno de ellos es independiente del resto (*Efecto mariposa*). Un buen manejo de los espacios naturales afecta pues a todos los otros, aunque más destacadamente a los ODS 7 (Energía asequible y no contaminante) y 13 (Acción por el clima).

Cuando en los espacios naturales hablamos de sostenibilidad y de desarrollo sostenible, nos referimos a la sostenibilidad misma del manejo aplicado dentro de ellos mismos (interna) y al desarrollo sostenible inducido en el exterior desde ellos: calidad de vida, seguridad de las personas y sus bienes, empleo, comercio, industria, turismo, recreo, etc.; beneficios, materiales o inmateriales, amplias y diversas externalidades que se ven significativamente mejoradas en lo social, en lo ecológico y en lo económico. Por tanto, el buen manejo de los espacios naturales repercute, no solo en ellos mismos, sino también en su entorno exterior; por lo que acaba repercutiendo positivamente sobre todos los demás ODS. En consecuencia, no cabe contemplar nuestros ODS motores, el 14 y el 15, de manera aislada. No solo es verdad que no hay un planeta B, también es verdad que el Planeta A mide lo que mide, y que solo optimizando el manejo interno de todos y cada uno de sus espacios, podemos aspirar a conseguir el desarrollo sostenible global.

Lo natural y lo antrópico, la Naturaleza y el Hombre, están hoy inextricablemente unidos, sin que quepa manejarlos por separado. Cuando se habla de desarrollo sostenible, lo verdaderamente sostenible es el todo global, todo el Planeta y sus gentes, y no solo los espacios concretos a manejar. El desarrollo sostenible es una cuestión holística. La holística postula que los sistemas de todo tipo y sus propiedades deben ser analizados en su conjunto y no solo a través de las partes que los componen; porque el todo es más que la suma de sus partes: es estructural como consecuencia de las interacciones entre ellas (CURY 2006). De estructuras ambientales, del diseño y cálculo de las estructuras ambientales, es precisamente de lo que hablaremos aquí. No tiene lógica el que, mientras todas las ingenierías se basan principalmente en el cálculo de sus estructuras físicas, la ingeniería del desarrollo sostenible no haya propuesto aún su propio modelo para el cálculo de sus estructuras ambientales.

Es destacable que la sostenibilidad del manejo a aplicar en un espacio natural concreto no es una solución única; pues puede haber para él múltiples soluciones suficientemente sostenibles a escala local. Del mismo modo, el desarrollo sostenible inducido desde él sobre el espacio exterior (externalidades) también puede ser diverso, múltiple y variable. No estamos por tanto ante soluciones únicas, ni ante líneas de desarrollo rígidamente rectas (recetas); es por lo que precisamos desarrollar los debidos modelos a aplicar en cada caso de forma inteligente y racional. Estamos ante una novedosa cuestión de modelización y hablamos por eso de una nueva ingeniería: la ingeniería del desarrollo sostenible.

1.1.2. Filosofía

Este trabajo está guiado por el objetivo de supervivencia para la Humanidad que definimos (MONTOYA 2013) como: *La constante y perpetua voluntad de mantener sobre el Planeta Tierra al mayor número posible de seres humanos, en condiciones adecuadas de desarrollo sostenible y calidad de vida*. Ese número varía con el estado de los conocimientos y de los recursos genéticos y ambientales disponibles en cada momento; pero no cabe esperar a conocerlo para abordar el desarrollo sostenible, para emprender el camino a seguir para tratar de lograrlo, mantenerlo y mejorarlo.

Aceptar la prioridad de la Humanidad, es una condición moral (social y práctica) y ética (personal y teórica) previa e indispensable para la plena comprensión de este trabajo. Trabajaremos aquí en el marco de un claro e ineludible compromiso personal con la Naturaleza, pero siempre con el objetivo de supervivencia como fin. Eco (Naturaleza) y Ego (Humanidad) deben ser compatibles; porque si no lo son, no pervivirán, pues no cabe entenderlos hoy como desligados entre sí. La trama ambiental (legal, social, ecológica y económica) es la que es, y sus interdependencias las que son.

No compartimos las ideas de quienes consideran al Hombre como una especie animal más e incluso como una plaga del Planeta. El salto que en el proceso evolutivo-creativo significó la aparición del Hombre, creemos que es una oportunidad y no un riesgo. La ancestral vía evolutiva, con los límites propios de los genes, ha sido potenciada y enriquecida por la creatividad y capacidad de acumulación y transmisión de información propias de nuestra especie. Podemos hacerlo mal y hay bastantes pruebas de ello; pero debemos confiar en que solo en nosotros reside la esperanza, si actuamos de forma racional, solidaria y responsable. Potenciar el desarrollo sostenible, todos sus ODS, es el camino obligado, sin que quepan ya más dilaciones, vacilaciones ni atajos.

1.1.3. Perspectiva

El tradicional aforismo forestal *Producir, conservando y mejorando*, que resume la aspiración de integrar la conservación de la Naturaleza con el progreso económico y social de los espacios naturales y su entorno, es el antecedente más claro y antiguo del actual concepto de desarrollo sostenible. Este se definió inicialmente como: *Aquel desarrollo que satisface las necesidades del presente, sin comprometer la capacidad de las generaciones futuras para satisfacer sus propias necesidades* (BRUNDTLAND 1987). Desde entonces, han sido muchos los avances conceptuales habidos, procedentes sobre todo de la filosofía, la sociología, la ecología y la economía, incluso de la política; pero han sido escasas las propuestas técnicas, los desarrollos tecnológicos.

No aceptamos definiciones tales como *Sostenibilidad igual a viabilidad o durabilidad en el tiempo de un sistema*; porque no implican la optimización legal, social, ecológica y económica de ese sistema; optimización local y global a la que sí obliga el genuino desarrollo sostenible. Esa viabilidad o duración en el tiempo (ampliación del primigenio principio forestal de "perpetuación" o "permanencia"), suele referirse a sistemas que pueden ser permanentes en el tiempo, sí; pero que pueden ser ineficaces social y económicamente, y que son por tanto insostenibles respecto a otros alternativos, que pueden ser al menos tan permanentes como ellos.

Es posible crecer, es posible el desarrollo sostenible, si siempre y en cada momento, y en todos y cada uno de los espacios naturales del Planeta, hacemos converger a todos sus valores, usos y recursos, presentes o potenciales, hacia el mejor estado posible de sostenibilidad (FIGURA 1).

Los progresos en los conocimientos y en los recursos genéticos y ambientales, junto a la mejora de nuestras perspectivas sobre los beneficios, conciliando los intangibles con los materiales, y los internos generados con los externos inducidos, significan un potencial enorme de crecimiento global y de reparto más justo y equitativo de los beneficios logrados. Un mañana mejor es posible; es más: urge lograrlo a efectos de supervivencia de la Humanidad y de conservación de la Naturaleza.

El CLUB DE ROMA 1972 y quienes posteriormente le siguieron, tal vez aportaron una pesimista visión de foto-fija sobre esta delicada cuestión que, sin embargo, es esencialmente amplia, dinámica, progresista y estructural. Con el avance de los conocimientos, de las técnicas y de los recursos genéticos, y mediante un manejo técnico adecuado, la Naturaleza, madre generosa y superabundante, puede llegar a dar al Hombre mucho más y mejor que lo que hoy le da. El tan pregonado crecimiento cero es triste, innecesario, socialmente injusto y técnicamente inviable. La Humanidad no ha superado aún la capacidad de carga del Planeta, pese a lo que afirman desde perspectivas abusivamente estáticas MEADOWS, MEADOWS y RANDERS 1991 y otros. El camino es el desarrollo sostenible; pero el problema es que este, y sobre todo su ingeniería, son cuestiones holísticas, tan complejas, que pueden llegar a desalentar a muchos. No estamos, ni mucho menos, ante una cuestión fácil o meramente opinativa. No se trata de tomar partido ni a favor ni en contra. Esta no es una "religión", en la que creer o no creer; sino una ingeniería, un saber hacer.

1.1.4. Contenidos

El desarrollo sostenible, a lograr en y desde un espacio más o menos natural, exige como primera condición que su manejo interno sea sostenible: es decir: simultáneamente óptimo, viable y equitativo desde la triple perspectiva ecológica, social y económica (FIGURA 2), además de lo más endógeno que sea posible (MONTOYA y MESÓN 2015).

🖉 *Óptimo*. Fuente de un *máximo, estable y perpetuo* caudal de beneficios (materiales e inmateriales, internos generados y externos inducidos).

o *Máximo*. Sobreentendiendo que el objetivo no es tanto maximizar cada beneficio aislado, sino el conjunto lo más integrado posible de los múltiples beneficios (tangibles e intangibles) generables en y desde cada espacio más o menos natural, marino o continental, terrestre o acuático, protegido o no.

o *Estable*. Minimizando los erratismos naturales, temporales y espaciales, propios de la generación de buena parte de los diversos beneficios a manejar en los espacios naturales.

o *Perpetuo*. Considerando que la perpetuación ecológica está ligada a lo técnico: a lo que el biotopo y su biocenosis son en sí, y a lo que se hace y al cómo se hacen las cosas en el medio natural. Hablamos de ecología, entendida no sólo como ciencia de las limitaciones, sino también y sobre todo como ciencia de las potencialidades y oportunidades presentes en el medio natural: perpetuar mejorando.

Viable. Factible, simultáneamente, en lo legal, social, técnico, ecológico y económico. Perspectiva esta que suele olvidarse demasiadas veces.

Equitativo. Equilibrado y justo para todos los interesados o afectados por el manejo, dentro y fuera del espacio manejado.

Endógeno. Basado, en todo lo posible, en la internalización de los propios beneficios, generados internamente o inducidos externamente, mediante el manejo de cada espacio natural concreto; para conseguir asegurar así la continuidad del manejo, y para tratar de minimizar los costes sociales externos (cargos al erario y otros).

1.2. CONSERVACIÓN DE LA NATURALEZA

1.2.1. Conservación y desarrollo

Venimos acostumbrados a una conservación de la Naturaleza basada más bien en actitudes pasivas de inacción (dejar que ella haga) y abordada, a la hora de la verdad, de forma aislada y un tanto dispersa; es decir: sin una consideración global, integradora, bastante y eficaz, de los imprescindibles considerandos añadidos de naturaleza social y económica; en otras palabras: una conservación de la Naturaleza alejada del desarrollo sostenible, por aislada en sí misma. Sin embargo, poco a poco va naciendo la consideración técnica de que no puede haber una conservación de la Naturaleza real, al margen del logro de un desarrollo sostenible efectivo que contemple a un tiempo los aspectos sociales, ecológicos y económicos de la cuestión.

Muchas oportunidades y potencialidades de conservación y desarrollo se pierden así entre dicha laxa actitud de pasividad (no hacer apenas nada) y ese cómodo y poco comprometido aislamiento; es decir: entre la falta de una tecnificación real y el abuso sectorial y, lamentablemente, esto sucede de forma muy en especial en los países más pobres.

Mejorar nuestras prácticas reales de conservación de la Naturaleza, exige contemplarla integrada en el marco del desarrollo sostenible; más aún: considerar a la conservación como una pieza más, útil al desarrollo sostenible e imprescindible en él. Por vía contraria, no cabe contemplar el desarrollo sostenible al margen de una correcta conservación de la Naturaleza: Eco y Ego.

La conservación de las especies, los hábitats y los espacios naturales, exige un drástico cambio de perspectiva y modelo, un nuevo paradigma para la Conservación que obliga a la aplicación de un pensamiento lateral o divergente, crítico y progresista respecto a la situación actual.

1.2.2. Especies

Han sido y son muchas las clasificaciones que, con diferentes criterios y objetivos, se han propuesto y se aplican a las especies silvestres. La normativa española actual establece un Listado de Especies Silvestres en Régimen de Protección Especial y, en su seno, el Catálogo Español de Especies Amenazadas. A estas últimas las clasifica en dos categorías básicas: Vulnerables y en Peligro de extinción. (R.D. 139/2011). A nivel europeo suele hablarse de especies de interés comunitario (EIC).

A los efectos de manejo antrópico que es lo que ahora nos ocupa, clasificaremos las especies más o menos silvestres (animales y vegetales, incluyendo entre estos a los hongos) en cuatro grandes cajones que llamaremos: especies sostenibles, especies tuteladas, especies dependientes y especies autónomas.

Es de destacar que la pertenencia de una especie a alguno de dichos cajones no es una característica propia de cada especie, y por tanto fija, sino que puede variar según lugares, momentos y mercados. Lo único que es fijo e indudable es que, a efectos de manejo, en cada lugar, momento y mercado, cada especie debe atribuirse a alguno de estos cajones, muy en especial en el caso de las que denominamos sostenibles, tuteladas y dependientes: aquellas que por una u otra razón serán sometidas a manejo, a una u otra forma del manejo.

1.2.2.1. Sostenibles

Especies que, por tener en un determinado lugar, momento y mercado, una demanda económica (en sentido amplio) y por tanto un valor e incluso un precio, pueden llegar a contribuir a la sostenibilidad (local) y al desarrollo sostenible (global).

1.2.2.2. Tuteladas

Especies que, por generar en un determinado lugar, momento y mercado, riesgos o daños sobre otras especies, el medio natural, o diferentes intereses humanos, deben ser sometidas a manejo; aunque sea asumiendo costes. Su manejo "cuesta" inicialmente, pero acabará siendo rentable.

1.2.2.3. Dependientes

Especies que, a escala global o local, presentan problemas de conservación que obligan a la actuación humana. Manejadas, también y casi siempre, "a pérdidas", su manejo cuesta; pero conservar la biodiversidad es potencialmente rentable, y resulta socialmente deseable y demandado.

1.2.2.4. Autónomas

El resto de las especies silvestres, en la práctica la mayor parte de los animales y vegetales presentes en cualquier espacio natural, no están sujetas a manejo humano directo; porque no lo precisan o parecen no precisarlo. Son las especies que llamamos autónomas. En principio no parecen generar mayores beneficios inmediatos (sostenibles) ni mayores problemas (tuteladas), tampoco estar urgidas de una protección activa (dependientes); pero esta realidad no exime de la conveniencia de un cauto y atento seguimiento sobre algunas de sus poblaciones, su tecnología, ecología y mercado; pues esta condición de autónoma no es permanente, sino que puede variar según lugares, momentos y mercados. Algunas de estas especies algún día podrían llegar a pasar a ser sostenibles, tuteladas o incluso dependientes, por lo que deben ser lo más atentamente vigiladas que sea racionalmente posible en cada caso.

1.2.3. Hábitats

El hábitat o biotopo, de una especie o por extensión, de una comunidad biológica o biocenosis, es el lugar en el que viven: un espacio más o menos natural con unas determinadas condiciones ecológicas. Se ha dicho que el hábitat es la dirección (dónde viven) y el nicho es la profesión (qué hacen).

Los hábitats suelen denominarse mediante la unidad fitosociológica que los puebla y caracteriza: el nombre científico que se da a la comunidad vegetal presente en ellos. Implícita en la comunidad vegetal puede entenderse la comunidad animal que la habita; aunque es frecuente que una misma población animal habite a caballo de diversos hábitats, próximos o remotos, siendo el ejemplo más claro el de las especies migratorias. No tiene esto nada de especial; pues también muchas especies vegetales habitan a caballo de diferentes hábitats o comunidades vegetales, siendo su presencia común a varios de ellos (especies llamadas comunes en fitosociología, a diferencia de las llamadas características dentro de su conjunto, y de las exclusivas "per se").

Al igual que en el caso de las especies, la mayor parte de los hábitats pueden y deben ser sometidos a manejo; pero algunos de ellos deben ser objeto de especial protección (activa o pasiva) por alguna de las siguientes razones:

✎*Amenaza*. Estar amenazados de desaparición.

✎*Área*. Tener un área de distribución reducida (ya sea por regresión o por ser esta así de forma natural).

✎*Representatividad*. Ser ejemplos representativos de grandes Regiones Biogeográficas.

A escala europea suele hablarse de hábitats de interés comunitario (HIC). De nuevo la pasividad puede ser un riesgo para conservar un hábitat, lo que suele exigir intervenir, para evitar su degradación e incluso extinción; ya sea por las posibles agresiones externas (regresión) o por el puro efecto de la misma sucesión natural (progresión).

1.2.4. Espacios naturales

1.2.4.1. Espacios no protegidos

Sin excepción alguna, todo espacio más o menos natural, debe ser sometido a un manejo racional; entendiendo por tal al que conduce a la generación del mejor desarrollo sostenible que sea posible lograr, en y desde él. Que los criterios, objetivos e intervenciones, deban ser diferentes en cada espacio, según su propia naturaleza, nivel de protección, necesidades, urgencias y utilidades, no nos libera del deber de actuar racionalmente en todo el Planeta, ni nos permite marginar espacio alguno, por degradado y poco natural que hoy esté o nos parezca.

No cabe el actuar irresponsablemente en los espacios "no protegidos", porque la Conservación afecta a la totalidad del Planeta. Parafraseando a SEALTH 1.854: *Cada palmo del Planeta es igualmente sagrado para el Hombre*. Por tanto, los más pobres y degradados también son sagrados. Muchas veces sobre los espacios "no protegidos", que son con mucho los más extensos, es en donde puede ser más útil y viable el establecer un manejo racional, orientado a restaurarlos ambientalmente (en lo social, lo ecológico y lo económico) y a potenciar su contribución al desarrollo sostenible global.

En contraste con los espacios naturales que denominamos comúnmente "no protegidos", y aunque por supuesto todos ellos gozan de un cierto nivel de protección legal, tenemos en España diversas figuras específicas de conservación espacial; tal vez demasiadas. Destacaremos los parques naturales, los parques nacionales, y el gran cajón de sastre de los otros espacios protegidos.

1.2.4.2. *Espacios protegidos. Parques Naturales*

Presentan valores ambientales (sociales, técnicos, ecológicos, económicos, paisajísticos, históricos, culturales...) que, por diversas razones, la normativa legal ordena conservar; pero, por estar muchos de ellos condicionados y ligados, no solo al medio natural sino también al manejo territorial y físico tradicional, una vez más no cabe en ellos la pasividad, sino que es preciso mantener en estos espacios las actividades-clave que los generaron y mantuvieron tradicionalmente. La orden emanada de la normativa legal no es no hacer nada, sino "seguir haciendo lo que se hacía".

Son por tanto espacios de obligada e incluso intensa intervención, algo que se viene comprendiendo bastante mal. Su manejo debe orientarse a la conservación de los valores genéricos y modelos de actuación que hayan justificado su declaración legal: sus paisajes y sus agrobiosistemas, entendiendo por agrobiosistema al *Sistema ecológico intervenido por el Hombre y sus animales* (MONSERRAT 1972).

A veces su desarrollo sostenible puede seguir siendo endógeno, como lo era antaño, pero en otras ocasiones es preciso abordar costes de manejo más o menos exógenos para lograr su mantenimiento y perpetuación. Después de todo, si esto no fuera así, tal vez no hubiera sido preciso declararlos espacios protegidos, pues si una cosa funciona es mejor no tocarla; aunque el intervencionismo administrativo tiende a hacer exactamente lo contrario.

1.2.4.3. Espacios protegidos. Parques Nacionales

Intervenir puede ser innecesario, y hasta contraproducente, en los ecosistemas prístinos; en los verdaderos ecosistemas, entendidos como la *Unidad de vida autónoma* de ALLUÉ-ANDRADE 2014, capaces de autoperpetuarse sin actuación humana significativa. Este es el caso de los genuinos parques nacionales, en los que el ecosistema, por sí solo, puede asegurar su perpetuación. Las condiciones que deberían cumplir para lograrla son:

☞*Diseño*. Extensión bastante y ausencia de efectos de borde significativos. Los efectos de borde se multiplican con el mayor contraste ambiental entre el espacio protegido y su entorno cercano, y con la mayor longitud de su perímetro respecto a su extensión. Estos efectos suelen obligar a establecer áreas intermedias de transición o amortiguación entre ambos ambientes.

☞*Conservación*. De todas las potencialidades naturales originales de sus ecosistemas (aguas, suelos...) y de toda su biodiversidad inicial: todas sus especies silvestres, con la estructura poblacional y cuantías de biomasa propias de cada una de ellas, y plena ausencia de especies ajenas al ecosistema inicial; especies exóticas en él.

☞*Historial*. Escasa presencia e intervención humana, histórica y actual; lo que viene a ser un corolario de las dos condiciones anteriores.

Pocos parques nacionales cumplen simultáneamente con esas tres condiciones, por lo que suele ser inevitable el intervenir en ellos; aunque solo sea a título de excepción y siempre con criterios, objetivos e intensidades, muy distintos de los usados en otros espacios de menor naturalidad o nivel de protección (espacios no protegidos, parques naturales...). Si todos los parques nacionales cumplieran al 100 % dichas condiciones, y si nuestra acelerada sociedad estuviera dispuesta a soportar las frecuentes y duras perturbaciones naturales propias de muchos espacios prístinos, y a asumir los enormes plazos de restauración que la Naturaleza suele precisar frente a ellas, el manejo sería innecesario: la Naturaleza se bastaría por sí sola para asegurar su perpetuación (que no tanto su estabilidad temporal); pero esto solo desde una perspectiva ecológica intemporal, y sin entrar en consideraciones sociales o económicas, del parque o de su entorno.

Es preciso proponer, y poner en aplicación, un modelo general para el desarrollo sostenible para todos y cada uno de los espacios naturales (protegidos o no) y por supuesto también para los parques nacionales; porque rara vez cumplen estos con todas las condiciones previas exigibles, lo que obliga a intervenir en ellos, para suplir y corregir esas deficiencias y los desequilibrios biológicos que generan. En la práctica, la mayor parte de los parques nacionales están sometidos a un cierto grado de manejo; aunque siempre con una intensidad de intervención lo menor posible y con sus propios objetivos prioritarios de Conservación.

Si bien es cierto que las cuestiones sociales y económicas deberían tener escasa presencia en ellos por la mayor relevancia de sus aspectos ecológicos, la sociedad que paga su mantenimiento, tiene derecho a un cierto grado de disfrute de sus múltiples beneficios potenciales, en especial de los inmateriales (beneficios de conservación, científicos, educativos, turísticos...), y a exigir la máxima racionalidad presupuestaria en su manejo, lo que de nuevo fuerza a potenciar el desarrollo sostenible de cada parque y su entorno. Otra vez la pasividad vuelve a ser un riesgo.

Cuando sea preciso intervenir, lógicamente las intervenciones deben cuantificarse en estos espacios con mayor rigor que en todos los demás; pues no tendría sentido ser más prudente con las intervenciones en otros espacios con menor nivel de protección que en ellos. A efectos del modelo general que estamos desarrollando ahora, la diferencia entre estos espacios protegidos y los exteriores a ellos es tan solo de diseño del espacio modelo pretendido en cada caso. Como veremos, dentro de los parques nacionales el diseño a seguir es el más próximo posible a la Naturaleza prístina (normalidad biológica); fuera de ellos, los objetivos de la sostenibilidad pueden y suelen ser otros (compatibilidad ambiental: social, ecológica y económica).

1.2.4.4. *Otros espacios protegidos*

En España existen muchos otros tipos de espacios naturales protegidos (¿Demasiados?): Reservas Naturales, Áreas Marinas Protegidas, Monumentos Nacionales, Paisajes Protegidos, y Otras Figuras de Protección. Se añaden y superponen a todos ellos los espacios naturales protegidos de la Red Natura 2000, las Zonas de Especial Protección para las Aves (ZEPAs), los Lugares de Interés Comunitario (LICs), y los Espacios Protegidos por Instrumentos Internacionales (Humedales de Importancia Internacional, Patrimonio Natural de la Humanidad; así como las Áreas protegidas del Convenio para la protección del medio ambiente marino del Atlántico del nordeste, Zonas Especialmente Protegidas de Importancia para el Mediterráneo, Geoparques, Reservas de la Biosfera, Reservas Biogenéticas del Consejo de Europa)...

Podría argumentarse cualquier cosa a favor de este insólito galimatías; pero inevitablemente sería más bien poco creíble. La auténtica conservación de la Naturaleza exige sobre todo sencillez y claridad: unicidad en el manejo de todos los espacios más o menos naturales y, a la vez, para todos los valores, usos y recursos presentes en ellos. Realmente, la cuestión de fondo no es tanto el qué o el por qué proteger, sino el cómo hacerlo: el modelo general a seguir, del que todos estos casos serían tan solo eso: casos.

1.2.5. Conservación y pensamiento divergente

Muchas veces los investigadores no encontramos las soluciones a un problema, porque no adoptamos una actitud investigadora lo bastante distante del mismo, o lo suficientemente creativa y divergente (DE BONO 2006). La enorme cuantía de la documentación generada en materia de conservación de la Naturaleza exigiría dedicar toda una vida solo para lograr una comprensión bastante sobre los antecedentes existentes en la materia; lo que, además de ser un despilfarro personal, podría llegar a limitar e incluso anular las posibilidades de lograr un progreso efectivo ¿Estamos logrando mucho más que enredar, a cada día más, la madeja ambiental? Tal vez estamos abstraídos en la contemplación del nudo gordiano que representa hoy día la conservación de la Naturaleza, sin pensar en la posibilidad de simplemente cortarlo; de resolver el problema por otro camino, mediante la aplicación de un pensamiento lateral o divergente, como dicen que hizo Alejandro Magno (333 a.C.) cortando el nudo gordiano, y en línea con el pensamiento de PÓLIA 1945: *Si no encuentras la solución, haz como si la tuvieras y mira qué puedes deducir de ella, razonando a la inversa.* ¿Es la solución establecer un modelo general aplicable a todas estas situaciones y casos? Es lo que intentamos conseguir.

El problema real que debemos tratar de resolver es el de aplicar a cada espacio natural un manejo antrópico adecuado (alcanzar la solución), para conseguir desde el mismo la mejor contribución posible al desarrollo sostenible: un problema de clara relevancia planetaria y que incluye obviamente la conservación de la Naturaleza: sus especies, hábitats, espacios… Pero en la práctica de hoy día, dentro de un mismo espacio más o menos natural, suelen entremezclarse multitud de beneficios, considerandos e intereses, e incluso aplicarse manejos superpuestos y a veces hasta contradictorios; derivados, por ejemplo, de poder ser un espacio, a la vez, ZEPA, Parque Natural, LIC o cualquier otra figura de conservación de la Naturaleza. Tantas buenas intenciones acumuladas, tal dispersión de gestores e interesados, y tantos costes de todo tipo asumidos, no vienen consiguiendo resultados suficientemente satisfactorios. La madeja ambiental no parece tener fácil solución, e incluso parece ser a cada vez más confusa y compleja de resolver. ¿Cómo cortar el absurdo nudo gordiano que se ha ido creando y sigue creciendo?

La conservación de la Naturaleza se ha basado en la identificación y evaluación de sus componentes y en el estudio de la integración de estos en unidades más amplias; lo que le ha dado una componente inicial básicamente descriptiva o inventarial. Después, y a la vista de esos hechos, las reflexiones se han dirigido al establecimiento de los objetivos a alcanzar. Descripción y reflexión son el origen central, por ejemplo, de los PORN (Planes de Ordenación de Recursos Naturales). A partir de estos se establecen los llamados PRUG (Planes Rectores de Uso y Gestión) que tratan de reglamentar las actividades humanas en los espacios concernidos. Estos mismos planes, u otros asimilables a ellos, pueden culminar (o no) proponiendo un Plan de Intervención Plurianual, a desarrollar después año tras año. El manejo es así la resultante de un itinerario conceptualmente predeterminado. ¿Y si cada paso a realizar estuviera predeterminado por una ingeniería del desarrollo sostenible común? ¿Si el itinerario a seguir pudiéramos lograr que respondiera a un modelo general único para todos los espacios y para todos sus posibles beneficios? ¿Si la solución buscada demandara y estableciera, marcha atrás, los pasos a seguir para lograrla?

1.3. BENEFICIOS AMBIENTALES

1.3.1. Tipos

Muchos creen y pregonan, desde una limitada perspectiva meramente contable o fiscal, que beneficio es igual a ingresos menos gastos. No comprenden que están hablando solo de dinero, algo que, si bien puede llegar a medir el beneficio, no es el beneficio mismo: están hablando del beneficio económico medido solo en términos dinerarios. El verdadero beneficio es aquello, y solo aquello, que pueda llegar a contribuir al objetivo de supervivencia de la Humanidad. La cuestión no es por tanto contable ni fiscal, sino una cuestión ambiental (social, ecológica y económica), una cuestión de valores.

Los múltiples beneficios ambientales generados, activa o pasivamente, dentro o desde un espacio natural cualquiera, pueden clasificarse en valores, usos y recursos (FIGURA 1). Se agrupan inicialmente en:

Servicios. Beneficios inmateriales o intangibles (valores y usos).

Bienes. Beneficios materiales o tangibles (recursos).

Productos. Alguno de dichos beneficios, ya sean inmateriales (servicios) o materiales (bienes), podrán llegar a convertirse después (o no) en productos.

1.3.1.1. Valores

Son servicios inmateriales o intangibles que el Hombre no disfruta activamente (usos) ni tampoco capta (recursos); sino que tan solo conserva, a veces pasivamente y otras activamente: biodiversidad (dentro de las especies, entre especies o ecosistémica), funciones y flujos ecológicos, potencialidades naturales y oportunidades del medio... Su valor es la suma de su:

Valor intrínseco. El valor de su mera existencia. Responde al hecho de que nadie aceptaría perder gratuitamente ninguno de estos valores (naturales, culturales...), lo que conduce a una demanda genérica de conservación para todos ellos.

❧ *Valor de oportunidad o potencialidad*. En previsión de posibles usos y recursos futuros. Tal vez algún día dichos valores puedan llegar a disfrutarse: a usarse o captarse.

❧ *Valor de legado*. El valor de garantizar una Naturaleza lo más completa y bien conservada posible para las generaciones futuras: trasmitir los valores recibidos de las generaciones que nos precedieron (solidaridad intergeneracional).

❧ *Valor de opción*. El valor de poder optar a usarlos o captarlos, se ejerza después esta opción o no. Serán usos o captaciones para quienes decidan usarlos o captarlos, y serán puros valores para los que opten por no hacerlo.

1.3.1.2. Usos

Los usos son servicios inmateriales o intangibles sometidos a disfrute antrópico, pero sin captación directa de biomasa (utilidades y disfrutes de carácter protector, recreativo, científico, educativo...). Algunos usos se disfrutan dentro del espacio manejado (paisaje cercano, sombra, canto de las aves, diversos usos recreativos...), otros fuera (externalidades). Pueden ser de diferentes tipos:

❧ *Sociales*. Empleo, usos recreativos, seguridad pública...

❧ *Ecológicos*. Paisaje, agua pura, conservación de suelos, control del cambio climático...

❧ *Económicos*. Valores propios (internos), o añadidos posteriormente por la industria, el comercio, el turismo... (externos).

Debemos recordar que los sistemas naturales, ya sean ecosistemas más o menos prístinos o agrobiosistemas antrópicos, tienen una resistencia limitada frente a los usos, porque no captar no es sinónimo de no impactar, y los usos pueden y suelen impactar; pues diversas especies, suelos, etc. pueden resultar más o menos afectados por ellos, especialmente cuando se hacen abusivos.

1.3.1.3. Recursos

Si bien valores, usos y recursos suelen agruparse en sentido amplio (s.l.) bajo el término recursos; en sentido estricto (s.e.), es recurso natural renovable viviente (en lo que sigue simplemente recurso) todo ser vivo capaz de generar, en el medio natural y con escasa intervención humana, un excedente de biomasa que puede y debe ser captado, con plena garantía de conservación y perpetuación del ecosistema o del agrobiosistema, y que podría llegar a deteriorarse o incluso a generar desequilibrios ambientales, en ausencia de dichas captaciones. En el concepto de captación incluimos las capturas de animales capaces de ejercer una autodefensa significativa frente al Hombre, y las cosechas o recogidas propias de los vegetales, hongos y animales con escasas capacidades de autodefensa, por razón de su especie y medio natural, o por los medios masivos de captura aplicados.

Muchos recursos están sometidos a captaciones por los beneficios económicos inmediatos obtenidos (captaciones de aprovechamiento). Otros seres vivos deben ser captados por razones de compatibilidad socioeconómica o de manejo de equilibrios biológicos, aunque el balance económico inmediato de su captación pueda resultar negativo (captaciones de gestión). Por tanto, lo que caracteriza a los recursos es la generación de un excedente de biomasa que es preciso extraer y no el balance económico inmediato de su extracción.

Por diversas razones, algunos seres vivos no consiguen generar ese excedente de biomasa a captar; son seres vivos no susceptibles de ser captados sin riesgos para la conservación, de ellos mismos, de su biocenosis, o de su ecosistema. Estas excepciones suelen concentrarse en etapas avanzadas de la sucesión ecológica, hacia el vértice de las pirámides tróficas, y en las especies "estrategas de la K". Las estrategias básicas (MAC ARTHUR y WILSON 1967) son la de la r, propia de especies que compiten superando a las demás en tasa de reproducción, y la de la K, propia de especies que compiten mediante la persistencia de la máxima biomasa. Las de tipo *r* son susceptibles de captaciones más intensas proporcionalmente que las del tipo *K,* y alcanzan su madurez antes y con dimensiones menores que ellas. *K* y *r* no son situaciones absolutas, sino que existe una mayor o menor tendencia de las especies hacia la *r* o hacia la *K.* Ambas suelen aparecer mezcladas y conviven en los ecosistemas, para cuya plena conservación son precisas tanto las unas como las otras; algo que suele olvidarse demasiadas veces. Un mismo ser vivo (incluso en distancias cortas) puede ser recurso en unas condiciones y no serlo en otras, dependiendo del medio natural en el que aparece; por ejemplo, no lo son cuando aparecen en áreas ecológicamente marginales para ellos, condiciones estas en las que usualmente no consiguen generar excedentes significativos de biomasa.

Los principales recursos son:

✿*Bosques y otros montes*. No todos los bosques son madereros. Muchos bosques y otros montes más o menos leñosos (manchas, matorrales), productores de leñas y otras biomasas (energéticas o no), alimentos para el Hombre, frutos silvestres (de árboles, arbustos y matas) y muchos otros productos (corchos, resinas, gomas, caucho, estacas, ramajes, flores, miel...) a escala global son al menos tan relevantes como ellos.

✿*Pastos y ganados*. Las hierbas, ramajes y frutos naturales de los pastizales, matorrales, manchas y bosques, pueden y suelen usarse como alimentos para el ganado. El manejo de pastos y ganados está, todavía, más orientado al logro de un beneficio económico (ganadería extensiva) que al logro del desarrollo sostenible (pastoralismo). El pastoralismo añade al éxito económico, el social y la garantía de perpetuación de todos los valores, usos y recursos presentes (MONTOYA 2013).

✿*Caza mayor y menor*. La caza ha sido y es una fuente de alimentación, aunque lo recreativo suele predominar hoy en ella. De nuevo, una cosa es manejar la caza como una ganadería extensiva silvestre y otra hacerlo como una herramienta pastoral para el desarrollo sostenible.

☞*Pesca marítima y continental*. Ambas pueden tener carácter extractivo o recreativo. En muchos casos, sus medios naturales y sus censos se encuentran hoy en situaciones límite; lo que repercute en la cuantía total y distribución de sus biomasas por especies, densidades, sexos, edades, dimensiones, calidades y estados; así como en su conservación y rendimiento social y económico, lo que obliga a su restauración y a su desarrollo sostenible.

☞*Productos naturales de recogida*. Animales y vegetales diversos, presentes en casi todos los espacios naturales: flores, plantas aromáticas, medicinales, melíferas… raíces, hongos, alimentos tales como insectos, caracoles, crustáceos… Relevantes social, ecológica y económicamente, suelen tener escasa producción por hectárea, lo que a efectos de su valoración global viene compensado por las enormes extensiones en las que aparecen y por su vital importancia social (especialmente cuando acaban siendo los recursos propios de las personas más desfavorecidas). Suele ser preciso racionalizar su manejo, para evitar su agotamiento, y para optimizar su estado y rendimiento.

☞*Manejo de los equilibrios naturales y de la biodiversidad*. A veces, las especies tuteladas y las dependientes, por diversas razones, tienen que ser sometidas a captaciones de gestión, incluso dentro de los espacios protegidos. Estas captaciones suelen tener que realizarse por razones sanitarias, daños en cultivos agrícolas y forestales, riesgos de accidentes, perjuicios en los ecosistemas o sobre otras especies más amenazadas de extinción que ellas mismas…

1.3.1.4. Productos

Un mismo hecho puede ser simultáneamente un valor, un uso y un recurso; por ejemplo, buena parte de los recursos, por ejemplo un bosque maderero, son valores en sí mismos y suelen estar sometidos a usos. Cuando existe una demanda sobre algún valor, uso o recurso, este adquiere un valor económico y pasa a ser un producto, se pague después por él o no.

Para que exista una demanda, y para que cualquier valor, uso o recurso pueda pasar a ser producto, es preciso que el objeto material o inmaterial demandado sea conocido, accesible y escaso. Algunos valores, usos y recursos pueden no ser conocidos aún (muchas especies silvestres), otros no son accesibles (grandes fosas marinas) y otros tan vitales como el agua o el aire aparentemente no suelen ser demasiado escasos.

1.3.2. Características

Todos los beneficios ambientales, con independencia de su condición o no de producto, deben manejarse de forma similar y bajo una teorética común (objetivos, filosofía, perspectivas, principios, modelos de investigación, criterios, conceptos, terminología, formatos de proyecto, itinerario de diseño y cálculo, e incluso hasta formulaciones, coeficientes y datos); porque todos ellos comparten unas mismas características, derivadas algunas de ellos mismos (intrínsecas) y otras de la marginalidad típica de los espacios más o menos naturales en los que aparecen (extrínsecas). Sobre ambos tipos de características pueden realizarse lecturas distintas y paralelas desde la perspectiva de cada uno de los diferentes beneficios, comprobándose así la unicidad conceptual existente entre todos ellos (MONTOYA y MESÓN 2004).

1.3.2.1. Características intrínsecas

1ª/ *Fuerte dependencia del medio natural que suele limitar sus potencialidades*. La "naturalidad" aúna los espacios a manejar y a todos sus valores, usos y recursos. Sometidos a los rigores, agresiones y limitaciones del medio, es difícil mejorar sus casi siempre escasas potencialidades naturales.

2ª/ *Actuaciones que impactan sobre seres vivos que habitan en un medio natural poco conocido, complejo, limitante, variable e imprevisible*. Por la complejidad añadida por la trama ambiental en la que usualmente se insertan (legal, social, ecológica y económica), no es fácil analizar los resultados de los experimentos científicos, ni prever los resultados de las intervenciones técnicas.

3ª/ *Heterogeneidad ambiental espacial y temporal*. Cada espacio natural es único e irrepetible. No hay un espacio ni un tiempo igual a otro, por lo que toda solución es siempre local y provisional; solo para "aquí, ahora y para esto". La experiencia adquirida en unas condiciones ambientales solo puede aplicarse como hipótesis inicial en otras, por similares que ambas aparenten ser. Intervenciones iguales en espacios similares pueden dar resultados distintos. Lo mismo sucede cuando las intervenciones se repiten en el mismo lugar, pero en otro momento. Además, con el devenir del tiempo, las condiciones ambientales de un espacio suelen variar y con ellas los efectos de las intervenciones en él.

4ª/ *Dificultades para distinguir entre el capital biológico y su renta*. Las existencias presentes, el capital biológico, en biomasa total y en su distribución interna, deben optimizarse constantemente, sin que quepa extraer una "renta" (crecimiento de obligada extracción) superior o inferior a la precisa. En ausencia de la salvaguarda debida del capital biológico (sobreexplotación), suele contabilizarse como renta, lo que tan solo es un consumo encubierto del capital; pero extraer menos de lo debido (infraexplotación) conduce a peligrosas acumulaciones de existencias, con caída de su crecimiento y vitalidad, y riesgos de daños e irreversibilidad.

5ª/ *Producción habitual de beneficios a largo plazo*. Excepto en el caso de las estrategas r, los plazos precisos para obtener un buen árbol, atún, ballena, elefante o coral (estrategas K) son enormes respecto a los propios de muchas otras actividades humanas. Algo que exige perspectivas temporales bien distintas de las clásicas: ser a la vez el abuelo y el nieto.

6ª/ *Externalidad productiva*. Servicios tales como conservación de la biodiversidad, generación de energía (leñas y otras biomasas), efectos de sumidero, sustitución y reemplazo del CO_2, paisaje, recreo, protección de poblaciones y vías de comunicación, vasos de los embalses... son externalidades ciertamente positivas; pero que, sorprendentemente, muchas veces no repercuten positivamente en la viabilidad práctica del manejo (retroalimentación), llegando a veces incluso a frenarlo, dificultarlo y hasta imposibilitarlo.

7ª/ *Generación de importantes valores añadidos posteriores*. Los beneficios inicialmente generados por el manejo generan posteriormente elevados valores añadidos, inducidos por el turismo, comercio, industria y diferentes servicios. Por tanto, el manejo de los espacios naturales, por su poder multiplicador, es una fuente de beneficios (internos y externos) mucho mayores que los iniciales. El fraccionamiento en tramos contables del itinerario generador de la riqueza conduce, todavía hoy, a que los espacios naturales aparezcan aportando valores estadísticamente mínimos; pero de ellos dependen cifras enormes, atribuidas contablemente a otras actividades que no existirían sin ellos. La infravaloración resultante para el universo rural (s.l.) es obvia y contraria a los ODS 14 y 15.

8ª/ *Valor residual para los productos comercializables generados*. Lo que cada producto vale en vivo o en pie, es lo que queda del precio pagado por el consumidor final, una vez se descuentan todos los costes intermedios habidos; es decir: el residuo que queda (positivo, cero o incluso negativo) una vez que todos cobran, y siempre lo más que pueden, en esos habitualmente muy largos procesos intermedios: laborales, comerciales, trasporte, almacenamiento, industriales y otros. Procesos en los que la capacidad negociadora del ámbito de lo natural y sus gentes es habitualmente muy escasa.

9ª/ *Variabilidad productiva inter- e intra-anual*. Diversos tipos de azares suelen hacer que la potencialidad de los usos y las cuantías de los excedentes de biomasa generados, sean irregulares interanualmente; especialmente por razones meteorológicas, y máxime en el caso de las especies fugaces, migratorias, erráticas y en las estrategas de la *r*. El uso de datos promedio resulta arriesgado, porque los excedentes en una temporada o anualidad suelen ser fugaces y no pueden acumularse para temporadas o anualidades sucesivas, y porque estas irregularidades suelen tener efectos nefastos sobre la economía y la sociología de los usos y recursos afectados. Lo mismo suele suceder entre las diferentes temporadas de una misma anualidad. No solo se producen variaciones entre temporadas (periodos de actividad y de paro o descanso); además, en la misma temporada de diferentes anualidades suelen observarse diferencias significativas en crecimiento, reproducción y potencial de uso. El manejo aconsejable ante estos hechos conduce a utilizaciones prácticas por debajo de los datos promedio, lo que lleva a un aparente despilfarro en anualidades o temporadas favorables y a una utilización aparentemente abusiva en los casos contrarios. FIGURA 3. (MONTOYA 2013)

10ª/ *Dificultad para determinar el momento óptimo de extracción, madurez o cosecha*. El crecimiento en un lugar, tanto de las poblaciones como de los individuos, no es constante por unidad de tiempo; dependiendo sobre todo de la calidad estacional, meteorología, fenología, edad y densidad poblacional. La fijación del momento óptimo para la captación de los recursos anuales e incluso de los estacionales, y de la edad óptima de captación para los plurianuales es compleja. En el caso de los bosques madereros se han usado diferentes normas (FIGURA 4) generalizables a otros recursos: edad de máximo crecimiento medio en biomasa (máxima renta en especie); edad de máximo crecimiento medio en valor económico, cuando este depende de su especie, densidad, sexo, edad, dimensión, calidad o estado (turno tecnológico) y edad de máximo interés para los capitales invertidos, dados los prolongados plazos de tiempo requeridos en las estrategas *K* (turno financiero).

1.3.2.2. Características extrínsecas

1ª/ *Escaso capital circulante frente al fijo*. El valor patrimonial de los espacios naturales suele ser elevado, y tanto más cuanto más extensos y más diversos internamente sean; porque su escasez impone una fuerte demanda, y por la relativa seguridad de su valor y rentas. Con los valores económicos gestionados a partir de los beneficios generados, debe abordarse su manejo, sobre todo cuando deba ser endógeno: afrontar internamente sus costes totales de producción y rentas. Los valores gestionados suelen ser escasos, y escasas suelen resultar las rentas obtenidas, que casi siempre significan un porcentaje reducido respecto a dicho valor patrimonial: la propiedad suele ganar más con la revalorización patrimonial que con ellas mismas.

2ª/ *Elevados costes de creación y mantenimiento de infraestructuras*. La marginalidad propia de los espacios en los que típicamente aparecen los valores, usos y recursos (pues los espacios no-marginales se dedican habitualmente a usos más intensivos) hace que las extensiones manejadas (continentales o marinas) sean muy grandes y que, en consecuencia, también lo sean las infraestructuras precisas para su manejo. La creación y mantenimiento de infraestructuras consume por ello buena parte del valor gestionado disponible para el manejo.

3ª/ *Escaso potencial técnico y económico de mejora*. Por la escasa potencialidad natural de los espacios manejados, son pocas las mejoras que resultan técnicamente eficaces; además, la marginalidad de estos espacios hace que sea escaso su rendimiento económico: no suele haber mejoras técnicamente eficaces y, cuando las hay, su aplicación suele resultar antieconómica. Los "ejecutivos" no suelen entenderlo.

4ª/ *La captación racional es la herramienta fundamental de mejora*. La captación de los excedentes de biomasa generados, suele ser la mejora más viable, técnica y económicamente. El correcto manejo de las biomasas, en su cuantía y en su distribución interna, suele ser en la mayor parte de los casos la herramienta principal y casi única de mejora. Curiosamente, en muchas ocasiones suele existir una fuerte oposición social a la extracción de biomasas, vegetales o animales, en el medio natural. Subyace en ella un fuerte déficit de formación y divulgación ambiental en materia de desarrollo sostenible que genera esta colisión entre las perspectivas del universo rural y el urbano.

5ª/ *Multiplicidad*. En casi todos los espacios aparecen simultáneamente múltiples valores, usos y recursos que deben compatibilizarse e integrarse entre sí. El manejo de cada uno de ellos puede beneficiar o perjudicar a otros. Las condiciones de sostenibilidad mejoran, en todos los casos, si se compatibilizan y desarrollan integradamente todas las oportunidades presentes. Potenciar las interacciones positivas (sinergias) y evitar las negativas (efectos negativos, y perversos o solapados) suele ser la estrategia más racional, eficaz y rentable.

6ª/ *Conflictividad social*. Los beneficios, ya sean actuales o potenciales, son típicamente múltiples y, consecuentemente, los interesados en ellos también. La superposición de intereses diversos y a veces difíciles de armonizar, suele generar conflictos sociales. Toda actuación podrá ser y será cuestionada por algunos interesados; lo que impulsa a la inacción. Los gestores del medio natural suelen estar sometidos a crítica desde diversos sectores y ámbitos de interés; por esto, en el manejo de los espacios naturales la sociología y la gestión social resultan claves, y los manejos insuficientemente compatibilizados e integrados suelen ser inviables.

7ª/ *Menor actuación de las leyes de mercado de oferta y demanda*. Los interesados en el manejo suelen pertenecer a ámbitos de mercado básicamente distintos: lo rural y lo urbano. La economía de los valores, usos y recursos que es la propia del desarrollo sostenible, es una economía natural con características propias diferenciales respecto a las economías tradicionales. Urge proponer una economía distinta, propia del desarrollo sostenible de los espacios naturales.

8ª/ *Unidades de gestión extensas*. Dificultades de control y riesgo de furtivismo. La marginalidad económica de los espacios naturales hace que las unidades viables de manejo sean muy extensas. Los escasos recursos económicos disponibles para su defensa y vigilancia hacen que su control resulte complicado y que el riesgo del furtivismo sea casi omnipresente. Por esto las labores de manejo tienen inevitablemente una cierta componente policial, pocas veces bien comprendida. Esta defensa llega a ser militar en el caso de algunas pesquerías marinas.

9ª/ *Propiedad poco reconocida. Usos y costumbres omnipresentes*. Suele ser complejo el deslinde de los diferentes derechos que habitualmente convergen en un mismo espacio. A los derechos de propiedad, a veces poco claros, se añaden usos y costumbres, y situaciones de hecho o de derecho, que hacen complejo y conflictivo el manejo. En consecuencia, el derecho y la sociología enmarcan vigorosamente el manejo.

10ª/ *Gestores pluriactivos. Necesidad de documentos-guía de gestión*. La complejidad del manejo de los espacios naturales es enorme en lo legal, social, técnico, ecológico y económico. Además, son múltiples y muy distintos entre sí los valores, usos y recursos a manejar, y escasos los fondos disponibles para hacerlo. Los equipos humanos multidisciplinares resultan caros respecto a la entidad de esos fondos. Por eso se recurre a la pluriactividad: menos personas, menos especializadas, pero con una formación más amplia (generalistas frente a especialistas). Los gestores de los espacios naturales suelen enfrentarse en la práctica a urgencias y complejidades tales que es preciso establecer para ellos documentos-guía de gestión (proyectos de ordenación) que programen, prioricen y cuantifiquen las labores y obras a realizar, y que liberen de responsabilidades y conflictos a quienes las ejecutan.

1.4. ECOSISTÉMICA Y ECOCULTURAS

1.4.1. Procesos de perturbación

Los múltiples procesos de perturbación, de origen más o menos natural, y que inevitablemente actúan antes o después sobre todos los seres vivos, generando sus diversos decaimientos vitales e incluso en el límite su muerte, sirven dentro del ecosistema para:

⚜ *Garantizar la regeneración de las especies*, de cada una de las especies, a través del encadenamiento de sus sucesivas generaciones y los consecuentes cambios en su estructura poblacional: pirámide poblacional.

⚜ *Conducir los procesos de sucesión ecológica*, progresivos o regresivos, modificaciones y cambios en la composición específica dentro de la biocenosis presente en un biotopo: dentro del ecosistema.

⚜ *Provocar la evolución genética de las especies*, de su diversidad intraespecífica y de su adaptación al medio y a sus múltiples perturbaciones, típicas o atípicas, por selección poblacional interna: cambios genéticos.

⚜ *Incrementar la diversidad biológica espacial y temporal*, diversidad inter-teselar del mosaico o almazuela espacial y sus múltiples efectos de borde añadidos; diversidad espacial y temporales que se superpone a la física propia del entorno: relieve, orientaciones, suelos y fondos, balances hídricos...

Sin todas estas fuentes de diversificación, añadidas a las puramente físicas por las perturbaciones, y el consecuente mosaico de coexistencia generado (generacional, sucesional, evolutivo, espacial y temporal) sería inviable la plena conservación de la biodiversidad natural (intraespecífica y ecosistémica, y perpetuación y coexistencia de las estrategas r y K); así como la conservación y correcto funcionamiento de los ecosistemas (funciones y flujos ecológicos, potencialidades y oportunidades del medio natural...). Por tanto, no cabe mantener una visión demasiado negativa sobre los omnipresentes y siempre activos procesos de perturbación. Ante la actuación de los procesos de perturbación, solemos hablar de plagas, enfermedades, catástrofes... cuando, desde una perspectiva ecosistémica de medio y largo plazo, asistimos habitualmente a la actuación de unos felices e imprescindibles fenómenos naturales: *La muerte como clave de los ecosistemas*.

Todos estos fenómenos de decaimiento o incluso muerte, generados por los procesos de perturbación, pueden producirse de manera lenta (reversible o irreversible) o brusca (usualmente irreversible). Cada ser vivo tendrá sus propios decaimientos en vida y finalmente su propia muerte; pues la muerte es un hecho fundamentalmente individual.

Todos los procesos de perturbación son fenómenos en principio naturales y muy necesarios para el buen funcionamiento de los ecosistemas; pero que pueden llegar a hacerse atípicos por causas diversas: cambio climático, desequilibrios biológicos, mutaciones genéticas, errores de manejo... Por tanto, cabe diferenciar entre los fenómenos de perturbación típicos (ya previstos por el ecosistema y sus adaptaciones evolutivas) y los atípicos (todavía imprevistos en él).

En todo ecosistema, los procesos de perturbación acechan a todos los seres vivos, en todos los lugares y en todo momento. De compleja identificación e interpretación, se producen como consecuencia de la actuación de diversos factores que actúan por sí solos en casos extremos (más frecuente en los atípicos), o bien combinados con otros en los demás casos (más frecuente en los típicos). El análisis médico y forense del decaimiento y muerte de cada ser vivo (el Hombre incluido) puede y suele ser diferente del de otro, de su vecino. No quiere decir esto que las perturbaciones no puedan generar olas de decaimiento y muerte similares (enfermedades y muertes masivas), y de hecho suelen hacerlo.

Afortunadamente, los procesos de perturbación son también:

☞ *Explicables, c*aso por caso (individual o colectivo), aunque muchas veces "a toro pasado" (demasiado tarde).

☞ *Predecibles*, al menos muchos de ellos y aunque tan solo sea hasta un cierto punto.

☞ *Controlables, e*n muchas ocasiones, mediante la aplicación de las debidas intervenciones humanas, fundamentalmente de carácter preventivo: ingeniería del manejo.

1.4.2. Modelo explicativo

Nuestro modelo explicativo de los procesos de perturbación (MONTOYA 1991, MONTOYA y MESÓN 1993), está basado en la observación e interpretación ecosistémica de los mismos. No propone los tres tipos de factores propios de la medicina y de la veterinaria, de la sanidad animal (predisposición, desencadenantes y ejecutores), aplicados también por MANION 1991 al caso del arbolado, sino cuatro (predisposición, detonadores, catalizadores y ejecutores), al dividir los desencadenantes en dos: detonadores (de azar) y catalizadores (permanentes). Sin esta subdivisión (FIGURA 5) los procesos de perturbación de los individuos y de las poblaciones en el medio natural resultan muy difícilmente interpretables (MINISTERIO DE MEDIO AMBIENTE 2004).

Todos los seres vivos, animales, plantas, hongos y hasta microbios, decaen o mueren por la presencia holística de los mencionados factores; actuando cada uno de ellos con mayor o menor intensidad y convergiendo más o menos entre sí (todos, algunos, o en casos extremos tan solo uno).

1.4.2.1. Factores de predisposición (individuales o no)

Determinan *quiénes* decaerán e incluso morirán en cada momento con una mayor probabilidad. Individuos y hasta poblaciones completas, predispuestos a padecer procesos de perturbación por diversas razones estructurales: especie, densidad total y poblacional de la biomasa presente, pirámide poblacional local (sexos, edades, dimensiones...), y condiciones individuales propias (vigor, calidad, dominancia relativa, y vitalidad: salubridad, edad, daños previos y efectos de cualquier otro factor de perturbación precedente).

1.4.2.2. Factores detonadores (de azar)

Generan y agrupan en olas, los decaimientos y mortalidades. Determinan *cómo* decaerán o morirán los individuos o las poblaciones tras azares de diversos tipos, sean meteorológicos (extremos y oscilaciones de mayor o menor frecuencia, cambios climáticos...) u otros (mutaciones, llegada de agentes y especies exóticas, polución...).

1.4.2.3. Factores catalizadores (permanentes)

Multiplican el riesgo de decaer o morir en lugares y momentos concretos. Determinan *dónde y cuándo* decaerán o morirán preferentemente. Típicamente las condiciones del entorno natural y la fenología (s.l.) propia de las especies.

1.4.2.4. Factores ejecutores (bióticos y abióticos)

Son los diferentes agentes, más o menos naturales que, solos o combinados entre sí, causan finalmente el decaimiento y muerte de los seres vivos. Centralizan tradicionalmente el interés sanitario y forense, animal o vegetal. Serán siempre los que finalmente actúen, pero usualmente en colaboración con alguno o algunos de los anteriores (sobre todo en el caso de los llamados agentes de debilidad o equilibrio: los previstos en el ecosistema). Determinan *quién o quiénes* les harán decaer o morir. Los agentes ejecutores pueden ser bióticos y abióticos, en cada lugar son numerosos, y suelen actuar combinados entre sí y encadenados en el tiempo.

El control de los agentes ejecutores bióticos en el medio natural suele ser difícil, y muchas veces hasta imposible, por razones legales, sociales, técnicas, ecológicas y económicas.

Combatir los agentes *bióticos*, como curar a los animales o las plantas silvestres, es complejo, caro, y muchas veces ineficaz; pues en el medio natural basta con curar una enfermedad o plaga para que, más bien temprano que tarde, otra distinta inicie su actividad, pues el resto de los factores (predisposición, detonadores y catalizadores) siguen presentes. Además, los tratamientos a aplicar suelen tener efectos imprevisibles en el ecosistema; por lo que el control de un mal puede acabar generando daños mayores que los corregidos.

A veces es posible actuar sobre algunos factores *abióticos*, porque son menos numerosos y más concretos; pero no siempre es posible hacerlo en condiciones razonables de costes, eficacia y plazos de tiempo. Además, algunos de ellos se empeñan en demostrar nuestra pequeñez frente al poder telúrico de la Naturaleza: grandes incendios forestales, volcanes, maremotos, sequías, nevadas, aludes, huracanes, tifones, inundaciones...

1.4.3. Prevención de los procesos de perturbación

1.4.3.1. Posibilidades y finalidades de intervención

Cuando los seres vivos viven en el medio natural, y están sometidos por tanto a los rigores y agresiones naturales propias de los ecosistemas (todos ellos más bien lejos del Paraíso), solo por excepción puede actuarse eficazmente sobre los factores detonadores y catalizadores, porque los azares (detonadores) y los espacios y tiempos (catalizadores) son en cada lugar los que son. También suele resultar casi imposible el actuar eficazmente sobre los omnipresentes, múltiples, alternativos, sucesivos y tenaces agentes ejecutores, por diversas inviabilidades legales, sociales, técnicas, ecológicas y económicas. En la mayoría de los casos, apenas si es posible el evitar algunos errores y daños antrópicos (introducción de agentes exóticos, poluciones...). Finalmente, prácticamente solo las actuaciones sobre los factores de predisposición suelen ser realmente viables y, casi siempre, aunque no siempre, se basan en la muerte de algunos seres vivos en beneficio de otros (presentes o futuros).

Estas actuaciones, de clara naturaleza ecosistémica, son

comunes a todos los valores, usos y recursos presentes en cualquier espacio natural (marino o continental, terrestre o acuático, protegido o no). Son necesarias e incluso imprescindibles para:

⚔ *Evitar daños mayores en los ecosistemas.* El objetivo central debe ser conservar el ecosistema o, más comúnmente, el agrobiosistema, y no solo los valores, usos y recursos presentes en el espacio manejado, más o menos individualmente considerados; es decir, conservar, además: biotopo, biocenosis, funciones, flujos, potencialidades, oportunidades...

⚔ *Reducir el número de muertes y la cantidad de sufrimiento animal.* Todo lo que nace muere (nacer, crecer, reproducirse y morir). Más nacimientos son más muertes y las muertes en el medio natural suelen ser terribles. El sufrimiento en la Naturaleza se reduce siempre con un buen manejo de las especies; pues conduce a unos nacimientos controlados y da a los nuevos individuos mejores oportunidades de supervivencia: menos muertes, mayor esperanza de vida, mejores condiciones de calidad de vida y, si se aplican códigos de conducta y buenas prácticas correctos, muertes mucho menos crueles que sus alternativas naturales.

⚔ *Aprovechar los posibles beneficios sociales, ecológicos y económicos asociados a esta intervención.* El hombre existe. Sin él la Naturaleza sería hoy difícilmente entendible y perpetuable. El desarrollo sostenible es el mejor camino imaginable para conseguir asegurar el futuro y bienestar de todos los seres vivos con los que compartimos el Planeta, así como la supervivencia misma de la Humanidad.

1.4.3.2. Tipos de intervenciones (Ecoculturas)

Los principales factores de predisposición, y las consecuentes intervenciones a ejecutar, o a no ejecutar, para prevenirlos y controlarlos, aunque actúan centralmente sobre los recursos, son comunes en el manejo de todos los valores, usos y recursos (FIGURA 5); lo que no niega el hecho de que estas actuaciones sean diferentes en cada caso: no es lo mismo cazar que pescar, cortar madera que pastar... pero todo debe hacerse por razones similares, programarse de igual manera, y abordarse desde una perspectiva ecosistémica común. Sin ella, la propuesta de un modelo general para la ingeniería del desarrollo sostenible de los espacios naturales, lo que ahora nos ocupa, carecería de fundamento y buen sentido.

El conocimiento previo y profundo, el estudio, de las diversas técnicas de intervención o "eco-culturas" que han ido apareciendo y evolucionando a lo largo de la Historia (selvicultura, pastoralismo, cinegética, haliéutica, conservación...), así como el conocimiento práctico de las demás obras y labores técnicas asociadas al manejo de los diferentes valores, usos y recursos, es imprescindible en el camino hacia el desarrollo sostenible a lograr en y desde cualquier espacio más o menos natural.

Las intervenciones y obras de naturaleza técnica, precisas para prevenir los procesos de perturbación natural pueden clasificarse en todos los casos (espacios, tiempos, objetivos, valores, usos y recursos) en alguno de los siguientes tipos:

1º/ *Actuaciones sobre la composición específica*. Mejora de la composición de la biocenosis, del equilibrio entre las diferentes especies animales o vegetales y fomento de la genética local, mediante actuaciones de regeneración y repoblación: control de la competencia interespecífica, mejora genética local, corrección de inadecuaciones genéticas específicas, locales e incluso puntuales, heredadas evolutivamente o sobrevenidas por cambios posteriores en el medio natural y en su calidad estacional, o por otros impactos cualesquiera: edáficos (erosión, degradación), climáticos (cambio climático), régimen de caudales y temperaturas en las aguas, dificultades de circulación migratoria... Recordemos: no distinguimos aquí entre animales y vegetales, ni entre especies terrestres o acuáticas; pues nuestro objetivo es desarrollar, proponer y conseguir aplicar, un modelo general para el desarrollo sostenible de los espacios naturales común y útil para todos los posibles casos de manejo: lugares, momentos y objetivos (aquí ahora y para esto) y todos sus valores, usos y recursos actual o potencialmente presentes.

2º/ *Actuaciones sobre la densidad total y poblacional.* Mejora de la densidad de biomasa mediante actuaciones de control de la densidad, total y poblacional, mediante la extracción de excedentes (excesos) o por acumulación de crecimientos (defectos), hasta conseguir cuantías totales y distribuciones (interespecíficas) y poblacionales (intraespecíficas) acordes en cada caso con la capacidad de carga ideal del ecosistema.

3º/ *Actuaciones sobre la pirámide poblacional.* Mejora de los equilibrios poblacionales internos de cada población, mediante el manejo de los excesos o defectos de edad (control de la edad máxima y de la regeneración poblacional), de la relación de sexos, y del equilibrio entre clases de edad-dimensión (duración de supervivencia y consecuente ritmo de regeneración).

4º/ *Actuaciones sobre las condiciones individuales.* Mejora de la composición de cada población, mediante actuaciones de selección individual por control de individuos con genéticas inadecuadas, selección y liberación individual por control de la competencia por razones de subordinación, inmadurez, conducta, edad relativa, dimensión u otras causas, control de defectuosos, enfermos, dañados o heridos, prevención y defensa frente a riesgos, tensiones y daños previos individuales, recientes y pretéritos, naturales o antrópicos.

5º/ *Actuaciones mediante otras mejoras técnicas.* Actuaciones sobre la calidad de estación, de prevención y restauración de impactos bióticos y abióticos, aplicación responsable de códigos de conducta y buenas prácticas o de reglas del arte adecuadas, y correcta ejecución de las obras e intervenciones de mejora propias de cada caso y tipo de beneficio (espacio, tiempo, objetivos, valores, usos y recursos).

1.5. PRINCIPIOS BÁSICOS DEL MANEJO

1.5.1. Principio de unicidad

Todos los valores, usos y recursos, con independencia del espacio donde aparezcan, son asimilables a efectos de manejo; porque comparten similares características, intrínsecas y extrínsecas, y porque en los espacios naturales forman un todo integrado, en lo ecológico y en lo antrópico (MONTOYA y MESÓN 2015).

Por esas razones, es preciso, e incluso urgente, asumir y aplicar este principio para, en base al mismo, tratar de intercomunicar, generalizar conceptos e intercambiar experiencias entre todos sus beneficios (valores, usos y recursos): establecer un sistema de vasos comunicantes entre todos ellos, hasta lograr un modelo general único, común, integrador y funcional, que ponga en práctica el hecho de que, si todos ellos son asimilables a efectos de manejo, pueden y deben ser sometidos a pautas técnicas y científicas comunes, establecidas bajo una misma teorética. Proponer dicho modelo, es establecer ese imprescindible sistema de vasos comunicantes; así cada espacio y beneficio podrá beneficiar al resto y beneficiarse a su vez de todos ellos. Mientras esta visión abierta y el consecuente modelo general no se desarrollen, cada espacio, valor, uso y recurso seguirá estando sometido a perspectivas cortas y sectoriales, y seguiremos retrasando el logro de los ODS.

Este modelo general, único, común, integrador y funcional, es el que pretendemos desarrollar ahora. Se compone de un protocolo global, válido para todos los casos de manejo, y de un algoritmo local, válido para cada caso de manejo:

Modelo general = Protocolo global + Algoritmo local

Un protocolo global para el manejo de todos los espacios más o menos naturales (marinos o continentales, terrestres o acuáticos, protegidos o no) y de todos sus posibles beneficios presentes o potenciales (valores, usos y recursos); así como un algoritmo local, común para todos los espacios, objetivos y beneficios, deben conducir a procesos técnicos y científicos similares, a una misma ingeniería del desarrollo sostenible; aunque las intervenciones y obras a ejecutar puedan, suelan y deban ser distintas según los diferentes casos de manejo: espacios, tiempos, objetivos, valores, usos y recursos.

1.5.2. Principio de obligación

La extracción racional (debidamente cuantificada, proyectada y ejecutada) de los posibles excedentes de biomasa generados por los recursos (con o sin afectación por efecto y sobre los valores y los usos) no es para la Humanidad una decisión opinable ni libremente adoptada, sino una obligación natural (MONTOYA y MESÓN 2015).

Bajo este principio subyace el hecho de que la muerte, desde la perspectiva ecosistémica, y como acabamos de ver, es una necesidad para la continuidad de la vida: *La muerte es la clave de los ecosistemas*. Existe en nuestros días una cierta reticencia social frente al manejo de algunos recursos, los faunísticos muy en especial, por implicar muertes intencionales de seres vivos y máxime cuanto más cercanos al Hombre se consideren en la sociedad actual. Esta reticencia debe ser superada para poder abordar un manejo racional: para poder alcanzar los ODS.

Comprender los procesos de mortalidad, permite establecer modelos de intervención eficaces y comunes para todos los seres vivos. Es difícil lograr esa comprensión ante el dolor y la muerte, por nuestro individual miedo instintivo ante ambos (instinto de supervivencia) y porque los complejos razonamientos ecosistémicos precisos, se enfrentan hoy a sencillos mensajes lineales, de mucha mayor eficacia entre el gran público y ya repetidos por miles de veces (*mantras*), especialmente entre colectivos animalistas que son los más sensibles ante este tipo de cuestiones. Entender y admitir a la enfermedad y a la muerte como privilegios para la vida, es imprescindible para poder reforzar los planteamientos técnicos en esta materia y para incrementar la confianza de la ciudadanía en los responsables del manejo de los espacios naturales. El reto es enorme y reclama un esfuerzo de educación ambiental y divulgación muy importantes.

Puede afirmarse que no intervenir racionalmente sobre los recursos, es decir, no extraer las biomasas excedentes debidas (todas las debidas y solo las debidas), suele ser un error, por razones sociales y económicas obvias; pero, sobre todo, y esto es lo que suele chocar a algunos, por razones ecológicas (control de los factores de perturbación). Sin embargo, buena parte de la sociedad, especialmente la más alejada del ámbito cultural de lo natural (sociedad urbana), suele oponerse al manejo de los recursos. Curiosamente, no suele oponerse tanto al manejo de los valores y de los usos; porque los recursos suelen ser utilidades rurales y los valores y usos demandas urbanas. Tal vez existen fallos de formación, información y concienciación ambiental; tal vez incluso éticas distintas y enfrentadas entre las gentes urbanitas y las rurales. Tal vez la racionalidad debería templar en debate.

1.5.3. Principio de beneficio

El beneficio principal generado por el manejo racional de los valores, usos y recursos, actuales o potenciales, en los espacios naturales, es la sostenibilidad misma del manejo de estos espacios y la contribución lograda a partir de los mismos al desarrollo global. Todos los demás beneficios que pudieran llegar a generarse ya sean tangibles (bienes) o intangibles (servicios), y con independencia de su condición o no de producto (bien o servicio con un valor de mercado) así como de su relevancia económica o social, deben estar subordinados a dichos logros (sostenibilidad y desarrollo sostenible) y considerarse como meros subproductos o incluso como simples residuos generados por las intervenciones precisas para alcanzarlos (MONTOYA y MESÓN 2015).

Con el establecimiento de este principio, rompimos con los criterios clásicamente productivistas y con los debates producción-conservación que han venido siendo típicos en el manejo de los espacios naturales. En todos los lugares y momentos deben manejarse los beneficios presentes o potenciales de forma integrada y sostenible, y con el objetivo añadido de generar el máximo valor residual total que sea posible por unidad de superficie manejada, a partir del valor total generado: suma del generado dentro y fuera del espacio manejado. Recordemos: el Planeta mide lo que mide.

Hablamos de valores y no de ingresos, porque no siempre los beneficios logrados se traducen en ingresos económicos; hablamos de valor residual y no de cualquier otro (valor en vida, valor en punto de entrega, valor al consumidor final...) porque es en este en el que reside el talón de Aquiles para el logro de un buen manejo: un manejo lo más endógeno y contributivo al desarrollo sostenible que sea posible. Hablamos finalmente de optimizar el valor patrimonial y las rentas de los espacios manejados. Urge una nueva Economía natural, bien distinta de las clásicas que, con su desarraigo, son las han generado los actuales problemas de sostenibilidad y de desarrollo sostenible que la Humanidad padece.

1.5.4. Principio de simulación

A la Naturaleza solo se le puede gobernar obedeciéndola (BACON 1878).

La Naturaleza nos indica el camino a seguir: aquellos procesos de perturbación natural a los que tendremos que adelantarnos e imitar, para asegurar su funcionamiento correcto e indefinido. Ninguna otra cosa que pura simulación de los omnipresentes procesos de perturbación natural son las buenas prácticas de manejo que, de forma sectorial, se han ido desarrollando históricamente para la selvicultura, el pastoralismo, la caza, la pesca y muchas otras actividades humanas en el medio natural (FIGURA 5). Diversos investigadores (RIECHMAN 2004, RIECHMANN 2014) han hecho propuestas y reflexiones asimilables (bio-mimesis) a este principio.

Si bien las intervenciones antrópicas sobre los medios naturales pueden y suelen ser técnicamente distintas entre sí, aunque siempre más en las apariencias que en la realidad, en todos los casos todas ellas pueden agruparse en los mismos grandes tipos y, como hemos visto anteriormente, todas aspiran centralmente a dirigir y prevenir los procesos de perturbación.

Es precisamente la perspectiva ecosistémica sobre los procesos de perturbación que hemos desarrollado anteriormente, la que fija y refuerza los fundamentos de este principio tradicional, y los de sus buenas prácticas asociadas.

1.5.5. Principio de precaución

En caso de amenaza para el medio ambiente, y en una situación de incertidumbre científica, deben tomarse las medidas apropiadas para prevenir el daño. (Resolución del Consejo Europeo del año 2000 en Niza).

Este ya añejo principio, internacionalmente aceptado y de obligado cumplimiento en la Unión Europea, es indudablemente útil en todo el Planeta. Las propuestas globales respecto al mismo han sido objeto de abundantes y profundos debates (RIECHMANN y TICKNER 2002); pero no así las propuestas concretas de intervención de ámbito local: aquí, ahora y para esto. Muchas veces el principio de precaución ha sido utilizado erróneamente como herramienta contra las actuaciones antrópicas, olvidando los riesgos que la inacción genera, cuando termina activando alguno de los múltiples procesos de perturbación, siempre presentes en los medios naturales.

En cada espacio concreto, cumplir con este principio obliga al diseño y cálculo del algoritmo local correspondiente, antes de proceder a cualquier actuación; pues hacerlo es la única medida apropiada, fiable y rigurosa, para prevenir el daño: cuantificar primero y actuar después, porque actuar sin cuantificar, es incumplir el principio de obligación; como no actuar es incumplir tanto el principio de obligación como, muchas veces más de las que se cree, el de precaución.

Debemos proponer en todos los casos una solución para un problema que existe, a normalizar porque se repite, y que es de importancia global, planetaria (CABEZAS y ALCANDA 2008). El principio de precaución nos obliga a conseguirla y aplicarla. Es lo que estamos tratando de conseguir ahora.

1.5.6. Principios éticos

1.5.6.1. Para todos los valores, usos y recursos

☞*Respeto*. El respeto debido a todos los valores ambientales actuales o potenciales (sociales, ecológicos y económicos) y a todos los seres vivos es imprescindible en el manejo de todos los valores, usos o recursos; y tanto en vida (bienestar animal) como durante (sacrificio) y tras su muerte (óptimo aprovechamiento).

El respeto debido nos obliga a la salvaguarda de todos ellos y a minimizar, en todo lo posible, cualquier posible daño innecesario sobre cualquier ser vivo, animal o vegetal, así como cualquier forma de sufrimiento innecesario inducido por el Hombre (por acción o por omisión), y a que toda intervención o abstención sea demostradamente necesaria, conceptual y cuantitativamente, y útil a efectos de desarrollo sostenible.

1.5.6.2. En las captaciones recreativas

En el caso de las captaciones recreativas de caza y pesca, deben añadirse a la anterior condición general de respeto los siguientes condicionantes éticos, inherentes a las singularidades de dichas actividades, que deben integrarse en cada caso en sus propias normas de conducta y buenas prácticas. (MONTOYA Y MESÓN 2015):

☞*Azar*. La caza o la pesca recreativas seguras, sin incertidumbre ni sorpresa, sin posibilidad de fallo o error, sin erratismo, sin aleatoriedad, sin riesgo de frustración y fracaso, no son auténticas. La incertidumbre, azar por medio, es y será siempre recreativamente superior a todos los días igual.

☞*Difidencia*. Las piezas de caza y pesca, para poder ser consideradas como tales, tienen que poder luchar por su vida y saber defenderse frente al Hombre: estar suficientemente "avispadas", y conocer su entorno natural y sus posibilidades de defensa en él. Los animales de criadero, de piscifactorías o de granjas, porque no conocen los peligros, los buenos careos y las mejores huidas de su entorno, porque no están lo bastante "avispados", porque nunca aprendieron nada de su familia y de sus compañeros, carecen en principio de esta imprescindible cualidad. Cazar o pescar con abuso de tecnología o de ventaja, para neutralizar la posible dificencia de los animales (uso de medios masivos de captura), o hacerlo en circunstancias de indefensión animal, como por ejemplo durante los llamados por la Ley "días de fortuna", es especialmente inadmisible.

✍ *Escasez*. Las piezas deben ser escasas. No es caza ni pesca, sino mera recolección, cuando la captura es demasiado fácil. Una abundancia antinatural o anómala es contraria a la conservación de los ecosistemas y a la caza y la pesca genuinas; por ejemplo: reforzamiento artificial abusivo, hasta alcanzar densidades superiores a la capacidad de carga normal del ecosistema (FIGURA 4). Si por las circunstancias que sea las piezas abundan en demasía, el cazador y el pescador deben limitar significativamente sus medios de captura hasta conseguir reducir sus capturas diarias a cifras racionales, digamos "naturales".

✍ *Sacrificio*. Para ser auténticas, la caza y la pesca exigen sacrificio, mental y físico, a sus practicantes. El sacrificio y el esfuerzo personal son realmente el fondo recreativo-deportivo de la cuestión (ORTEGA y GASSET 1942).

1.5.6.3. En las captaciones industriales

Las anteriores normas éticas, propias de las normas de conducta y buenas prácticas de la caza y la pesca recreativas, no son aplicables a la caza o la pesca industriales. Por ejemplo, no son aplicables a las pesquerías marinas que, por razones comerciales obvias, deben buscar una pesca segura, masiva, abundante y cómoda (barata).

La caza y la pesca recreativas y las comerciales comparten, no obstante, todo lo relativo al respeto debido a las capturas y a la minimización del sufrimiento animal. El respeto a la pieza, en vida, así como durante y tras su captura, debe ser máximo. Su consumo y otras utilidades pueden contribuir a legitimar la acción depredadora del Hombre; pero, si ésta es ordenada y racional, su contribución a la sostenibilidad y al desarrollo sostenible es lo que verdaderamente la legitima, conforme al principio de beneficio.

Hoy en muchos países no se caza o se pesca, como una necesidad ineludible para comer; pero sí como una actividad recreativa que contribuye, o puede contribuir, a la sostenibilidad del manejo en los espacios naturales afectados y al desarrollo sostenible global. En claro contraste, la caza y la pesca recreativas, como cualquier otro tipo de captación animal o vegetal, recreativa o industrial) deben considerase ilegítimas, si no contribuyen en alguna forma a dicho desarrollo.

Debemos recordar que, en condiciones de manejo racional, la acción depredadora del Hombre puede llegar a ser mucho más precisa, eficaz y respetuosa con los seres vivos, que la acción depredadora natural; pues genera menos muertes, menor sufrimiento animal, y una mayor y mejor contribución a la sostenibilidad y al desarrollo sostenible: algo que, desde perspectivas erróneas (usualmente urbanitas), suele olvidarse demasiadas veces en nuestros días. El Hombre no es un enemigo de la Naturaleza, aunque pueda llegar a serlo y lo haya sido en muchas ocasiones, sino la mejor oportunidad para ella. Lo que sí urge es el desarrollo de un modelo general para el desarrollo sostenible y de unos códigos de conducta y buenas prácticas adecuados. Urge dar el primer paso, y en él estamos. *Un viaje de mil millas empieza por el primer paso* (atribuido a LAO-TSE, viejo maestro, al que se atribuye la creación del taoísmo). Claro que tan importante como ese primer paso, será cualquiera de los que sea preciso dar después. Dar el primer paso es solo una invitación a dar el siguiente, y el otro y el otro...

1.6. INVESTIGACIONES SOBRE EL MANEJO

1.6.1. Ciencia, tecnología y práctica

Según la RAE 2005 ciencia es *El conjunto de conocimientos obtenidos mediante la observación y el razonamiento, sistemáticamente estructurados, y de los que se deducen principios y leyes generales*, y tecnología es *El conjunto de teorías y de técnicas que permiten el aprovechamiento práctico del conocimiento científico.*

En materia de manejo de espacios naturales, es bastante evidente que el vacío entre ciencia y tecnología es elevado. A esa distancia se añade otra entre la tecnología disponible y la realmente aplicada. Sabemos bastante (ciencia), sabemos hacer bastante menos (tecnología), y solemos hacer más bien poco (práctica). Dentro de los recursos propiamente dichos, los vacíos existentes hoy entre ciencia, tecnología y práctica son muy elevados en el caso de las pesquerías marinas; siendo menores en el caso de los bosques madereros, porque estos gozan de una mayor tradición de manejo ordenado. La pesca continental, la caza y los pastos ocupan una situación intermedia, siguiendo igual orden descendente el déficit tecnológico existente. En el caso del manejo efectivo de los productos de recogida, o de los equilibrios naturales en la conservación de la biodiversidad, su manejo apenas si se llega a plantear en nuestros días. Por tanto, son los déficits:

Productos de recogida > Equilibrios naturales y biodiversidad > Pesca marina > Pesca continental > Caza > Pastos > Bosques

Un buen modelo de diseño y cálculo de estructuras ambientales, común para todos los valores, usos y recursos, e integrador de todos ellos dentro de los espacios marinos o continentales, terrestres o acuáticos, protegidos o no en los que se presentan, debe establecer procedimientos idénticos, o al menos muy similares para todos ellos; al margen de que los procesos intermedios implicados, puedan tener una mayor o menor importancia, según el valor, uso o recurso del que se trate. Las aportaciones potenciales de cada uno de ellos al modelo común son lógicamente de peso inverso al grado de desarrollo actual de su manejo.

Si logramos proponer un modelo genérico que permita establecer el oportuno sistema de vasos comunicantes de la información, sobre los conocimientos científicos, tecnológicos, y prácticos preexistentes, cada valor, uso y recurso puede llegar a beneficiar a los demás y beneficiarse a su vez de todos ellos. Mientras esta visión abierta y el imprescindible modelo numérico global asociado a la misma no se desarrollen, cada recurso estará sometido a visiones puramente sectoriales (siempre de escasa amplitud, calado y gálibo) y seguiremos perdiendo un tiempo precioso de cara al desarrollo sostenible y al logro del objetivo supremo pretendido: la supervivencia de la Humanidad en su Planeta.

1.6.2. Modelos de investigación básicos

ALLUÉ-ANDRADE 2014 nos enseñó que investigar es *Aplicar y desarrollar el instinto de buscar y el placer de encontrar*. Más tarde, desde la siempre cruel soledad del investigador, añadimos: sin esperar mayores recompensas. Por tanto, instinto, placer y generosidad son el fundamento humano de la investigación.

Las investigaciones para el progreso de los conocimientos científicos y tecnológicos pueden realizarse siguiendo diferentes modelos de investigación, todas ellos válidos, y complementarios y nunca excluyentes entre sí. DÁVILA 2006 lo expuso magistralmente: *Se puede llegar a conocer la naturaleza de los fenómenos a través de la experiencia, el razonamiento y la investigación, siendo estas tres vías interactivas. La experiencia opera en el campo de los acontecimientos que se producen por azar y supone una primera y muy eficaz aproximación a la realidad. El razonamiento puede ser deductivo, inductivo, o inductivo-deductivo. La investigación es un proceso que combina la experiencia y el razonamiento, y debe ser sistemática, empírica, y crítica respecto a las proposiciones hipotéticas sobre las supuestas relaciones que existen entre los fenómenos naturales. El pensamiento de esta autora* venezolana subyace en buena parte de lo que expondremos a continuación.

1.6.2.1. Las búsquedas racionales

Basadas en la experiencia personal y en la observación, la reflexión, y el diálogo (dialécticas). Tratan de concluir sobre aspectos comunes o generales, válidos en todas partes y siempre.

Tienen la limitación del subjetivismo del observador y las limitaciones propias de sus observaciones, en cuantía y calidad, lo que frecuentemente obliga a recurrir a una autoridad de referencia; pero los expertos son pocos, pueden estar equivocados, y a veces discrepan, lo que indica que sus afirmaciones pueden ser más bien opiniones que hechos científicos (DÁVILA 2006).

En el caso del manejo, casi todos los progresos en el estado de los conocimientos han sido logrados tradicionalmente mediante este modelo de búsquedas racionales-dialécticas que, de siempre y en todos los casos, han solido preceder a cualquier otro avance científico.

Este modelo es clave en disciplinas, nada o poco experimentales: teología, filosofía, sociología, algunas ciencias naturales, economía... Sus abundantes logros, históricos y actuales, usualmente se han difundido mediante el "boca a boca" o en medios de comunicación de naturaleza más bien sectorial.

1.6.2.2. El silogismo deductivo

ARISTÓTELES estableció el silogismo deductivo, como un proceso en el que desde afirmaciones generales se llega a conclusiones particulares. Se compone de tres elementos: premisa mayor (*Todos los hombres son mortales*), premisa menor (*Sócrates es hombre*), y conclusión (*luego Sócrates es mortal*).

Su carácter predictivo suele ser claro (*Sócrates murió*);

pero el razonamiento deductivo tiene limitaciones: debe partir de premisas verdaderas para llegar a conclusiones válidas, y su conclusión deductiva no puede ir más allá del contenido de sus premisas; por lo que el razonamiento deductivo organiza lo que ya se conoce, y señala nuevas relaciones conforme se pasa de lo general a lo particular, pero no es fuente de verdades nuevas. Pese a ello es útil para la investigación: relaciona la teoría (premisa mayor) y la observación (premisa menor) y permite predecir (deducir) los fenómenos que habrán de observarse (conclusión).

1.6.2.3. *El modelo experimental inductivo o hipotético*

BACON (1561-1626), a efectos del logro del avance de los conocimientos, rechazó los principios tradicionales de prevalencia de la autoridad (moral o académica) y promovió la libertad intelectual y experimental del investigador: un salto enorme para aquellos tiempos.

Resaltó la necesidad de los experimentos mismos: reunir observaciones y datos particulares, y generalizar a partir de ellos. Desde observaciones experimentales, elaborar, por inducción, una teoría. Si todos los casos posibles hubieran sido objeto de observación y experimento, la inducción sería perfecta; pero, como eso suele ser imposible, tras una inducción imperfecta apenas se llega al establecimiento de una teoría, legitimada por los experimentos, pero útil solo como hipótesis mejor fundamentada que otras. Por esto al método inductivo-baconiano se le denomina también hipotético.

1.6.2.4. *El método científico inductivo-deductivo*

Los investigadores acabaron integrando los métodos baconianos (inductivos) y los aristotélicos (deductivos) en un nuevo método inductivo-deductivo, resultando el hoy tan excluyentemente llamado método científico (como si otros no lo fueran) que se suele atribuir a DARWIN.

En este método, los investigadores, desde sus observaciones, predicen lo que resultaría si una hipótesis establecida por inducción baconiana fuera verdadera, y realizan después las observaciones experimentales precisas, para poder establecer las deducciones finales que confirmarán o rebatirán la hipótesis; por tanto: desde una hipótesis inicial inductiva, hasta una tesis final deductiva. Se trata de experimentos, fuertemente protocolizados en nuestros días, orientados al logro de unas conclusiones, comunes o generales, calificables de válidas en todas partes y siempre.

Este método, pese a su predominio y enorme predicamento actual, está limitado en el ámbito de las investigaciones sobre el manejo de espacios naturales, que son las que ahora nos ocupan, por razones de:

✐ *Transferencia espacial*. Porque las condiciones de cualquier experimento no se repiten en otros espacios naturales, por similares que inicialmente pudieran llegar a parecer.

   o *Universo*. Cada espacio es un universo único en lo legal, social, técnico, ecológico y económico, y exige por tanto su propia solución local: aquí, ahora y para esto.

   o *Trasferencia*. Los resultados obtenidos en un lugar son difícilmente trasferibles a otro, como mucho pueden servir de hipótesis inicial en él.

   o *Identificación*. Además, la imprescindible identificación, plena, permanente y cierta, de las condiciones ambientales globales propias de cada experimento suele ser prácticamente imposible.

✐ *Replicación temporal*. Por imprevisibilidad y erratismo temporal de las reacciones que frente a las intervenciones presentan los valores, usos y recursos en cada lugar: intervenciones iguales suelen conducir a reacciones distintas. Si se repite un experimento en el mismo espacio, pero en otro momento, no necesariamente se observarán iguales respuestas.

✐ *Análisis e interpretación de datos y resultados*. Por las dificultades propias de la toma de datos en el medio natural, así como de su posterior análisis e interpretación en lo que concierne a las relaciones causa-efecto.

o *Correlación*. Las correlaciones entre hechos que se ven o se creen ver en la siempre misteriosa Naturaleza, no siempre son de causa-efecto (las causas buscadas).

o *Causas*. Puede y suele darse el caso de que las verdaderas causas sean otras, bien distintas de las ensayadas o de las que inicialmente aparentan ser tales; tal vez incluso puede darse que las verdaderas causas sean desconocidas.

☞ *Conclusiones*.

o *Evolución local*. En materia de manejo técnico de los espacios más o menos naturales no pueden existir nunca conclusiones definitivas, al estar sometido todo manejo, en cada lugar (espacio) y momento (tiempo), a una permanente evolución: objetivos, legal, social, técnica, ecológica y económica.

o *Obsolescencia programada*. Todo aparente hallazgo es por tanto solo provisional y su obsolescencia es tan forzosa que hasta es preciso programarla (revisiones).

o *Consideraciones finales*. Finalmente, no puede haber conclusiones válidas en todas partes y siempre, sino apenas unas consideraciones dichas "finales", pero que son realmente provisionales y de un claro carácter local: aquí, ahora y para esto.

En ciencias sociales, en ciencias naturales y en otras ciencias dialécticas, diversos autores cuestionan el método científico-darwiniano. De nuevo según DÁVILA 2006: *Diversos pensadores cuestionan los postulados tradicionales de la argumentación científica y sus pretensiones de conocimiento universal de la realidad. Se construyen y emergen paradigmas para aprehender realidades a cada vez más complejas, surge una nueva racionalidad que mide la realidad total como una ontología sistémica, el holismo y la ecología ofrecen una nueva perspectiva de la filosofía de la ciencia, existe un creciente aumento de la complejidad tanto en el mundo natural como en el social, por lo que surge la necesidad de generar una epistemología de la complejidad para abordar el conocimiento científico actual.*

Nada más enriquecedor que leer tan sabias palabras desde la perspectiva del manejo ¿Es la heurística la respuesta a las limitaciones que acabamos de mencionar? ¿Estaremos más o menos desacertados en el modelo de investigación que venimos siguiendo en esta materia hasta la fecha?

1.6.2.5. Modelos heurísticos

No es irrelevante resaltar ahora que el término heurística fue utilizado por EINSTEIN 1905. Se considera a la heurística como el arte y la ciencia del descubrimiento y la invención, y de resolver problemas mediante la creatividad y el pensamiento lateral o divergente (DE BONO 2006). Se trata de una estrategia, método, criterio o truco, para hacer más sencilla la solución de problemas difíciles.

PÓLIA 1945 estableció sus conocidas recetas heurísticas:

☞ *Si no consigues entender un problema, haz un esquema.*

☞ *Si no encuentras la solución, haz como si la tuvieras y mira qué puedes deducir de ella, razonando a la inversa.*

☞ *Si el problema es abstracto, prueba a examinar un ejemplo concreto.*

☞ *Intenta abordar primero un problema más general. Esta es la "Paradoja del inventor": El propósito más ambicioso es el que tiene más posibilidades de éxito.*

La vía heurística es particularmente útil, cuando el conocimiento en una materia es escaso. Las metodologías heurísticas permiten resolver rápidamente problemas asimilables a otros. No necesariamente tras un experimento heurístico se alcanza un resultado positivo. Más aún: el fallo es tan previsible que hasta podría calificarse de inevitable;

pero muchas veces los errores enseñan tanto o más que los aciertos (RAWSON y CHAMOSO 1.998). Aunque esto pueda llegar a escandalizar a algunos: El manejo perfecto ni existe ni puede llegar a existir.

Se trata de lograr una solución bastante, no necesariamente la mejor, no necesariamente general, y mucho menos aún permanente o definitiva. A la hora del manejo, hay que tratar de lograr una solución bastante, bajo la pauta de que *Lo mejor es enemigo de lo bueno* (WALTON 2003): buscar soluciones, concretas y suficientes, para el problema a resolver en cada caso (espacio, tiempo y objetivos del manejo de los valores, usos y recursos concernidos). Soluciones locales: aquí, ahora y para esto. Más adelante, probablemente se conseguirá mejorar estas soluciones locales.

Además, no es demasiado importante descubrir porqué funciona una solución (causas), la heurística solo aspira a lograrla: conseguir una solución bastante para un problema complejo que existe y que urge solucionar. Los porqués indudablemente estarán ahí, tal vez acabarán siendo detectados en el futuro; pero no nos urgen tanto los porqués como los cómo: las soluciones. Se buscan pues los resultados antes de conocer sus verdaderas causas.

La marginación actual de los modelos experimentales heurísticos (locales en el espacio, inconclusos en el tiempo, y variables en sus objetivos y contenidos: aquí, ahora y para esto) es un freno para el avance de los conocimientos, al menos en diversas ciencias naturales y sociales y, por supuesto, en materia de manejo de espacios naturales. Las universidades y otros centros de investigación tienden a potenciar y valorar solo los logros conseguidos bajo el tan erróneamente llamado método científico y publicados bajo el rígido formato conclusivo *paper*; pero muchos avances no son accesibles bajo dicho método, ni genuina y eficazmente publicables bajo dicho formato; por ejemplo: los errores y avances continuos en los conocimientos locales.

Que los experimentos heurísticos no respondan aún a un

modelo general, más o menos acordado, no implica que su contribución al avance de los conocimientos no haya sido relevante históricamente, ni que no sigan siendo los más adecuados para el progreso de los conocimientos, complejos y entrelazados, propios de lo natural y de otros ámbitos también complejos como la sociología y la economía. No carecen de rigor científico, como tan gratuitamente suele afirmarse (RAE 2005); solo necesitan un mayor reconocimiento público, desarrollar su propio modelo general experimental, y nuevas y más creativas formas de difusión de sus logros: porque estos logros existen y porque deben ser difundidos por sus propias vías.

No es lo mismo observar, estudiar e investigar en disciplinas o ciencias biológicas básicas, que hacerlo en materia de manejo aplicado. Lo racional, lo baconiano, lo darwiniano y lo heurístico, deberían convivir y complementarse; pero hoy se están marginando, hasta el abuso, los siempre fértiles aspectos heurísticos. De aquí los escasos progresos reales de las investigaciones ambientales para un desarrollo sostenible real, generado en y desde los espacios naturales, marinos o continentales, terrestres o acuáticos, protegidos o no

Los experimentos heurísticos son los más propios de la investigación científica y tecnológica en materia de manejo; aunque no hayan recibido todavía la atención que merecen. El experimentalismo heurístico lo narró magistralmente SAMUEL BECKETT (premio Nobel de literatura en 1.969): *Da igual. Prueba otra vez. Fracasa otra vez. Fracasa mejor*.

La investigación para el desarrollo sostenible a partir del manejo de los valores, usos y recursos, presentes en un determinado lugar, momento y objetivos, debe realizarse mediante modelos heurísticos; modelos estos de aproximación, revisión y progresión. Los experimentos heurísticos, una vez dotados con su propio modelo general, que es lo que ahora pretendemos, pueden contribuir muy significativamente al futuro desarrollo sostenible.

Consecuentemente, proponemos establecer un modelo

general, suma de un protocolo global y un algoritmo local; un modelo netamente científico, fuertemente experimental, integrador de todos los actuales y potenciales valores, usos y recursos de un espacio; progresivo, continuo, de naturaleza local, y desarrollado en régimen de ensayo y error. En realidad, el ensayo y error subyace bajo cualquier modelo de investigación; pero, a diferencia del modelo darwiniano (general y no local, conclusivo y no progresivo), en el heurístico el ensayo es local y no concluye nunca, sino que se hace permanente (búsquedas heurísticas). Siempre inconclusos, los avances logrados tienen carácter local, integrador, instantáneo y utilitario (práctico).

En nuestro caso personal, de la repetida y prolongada observación racional de que, en múltiples y distintos casos, el modelo general para el manejo de los espacios, valores, usos y recursos es común a todos ellos, hemos establecido la hipótesis inductiva (baconiana) e imperfecta (hipotética) de que este modelo general debe seguir en todos los espacios naturales un mismo protocolo global y basarse en único algoritmo local, potencialmente integrador de todos los valores, usos y recursos presentes en cada uno de esos espacios. Dicho algoritmo local, y en concreto los resultados de su diseño y cálculo de sostenibilidad de las estructuras ambientales, será en cada caso el objeto experimental (hipotético) a ensayar en el marco del protocolo global establecido. No cabe hablar de desarrollo sostenible en base a los ODS 14 y 15 al margen de estos hechos.

2. MODELO GENERAL

2.1. MANEJO BANAL

2.1.1. Disfrutes infinitos y disfrutes finitos

En la prehistoria, la capacidad de la Humanidad para beneficiarse de los recursos del medio natural era infinitesimal, respecto a la capacidad de estos para soportar esas mínimas perturbaciones: resiliencia. HOLLING 1973 definió la resiliencia como *La capacidad de los individuos, las especies y los ecosistemas, para soportar perturbaciones y recuperarse tras ellas*. En principio, aquellos eran tiempos de valores, usos y recursos teóricamente infinitos. Los impactos del Hombre eran más bien escasos, y las especies y los ecosistemas los resistían adecuadamente: ni los humanos eran muchos, ni sus usos y consumos eran excesivos, ni sus medios de captación eran tan poderosos como los actuales.

No obstante, y pese al reconfortante mito burgués del buen salvaje, ya desde la prehistoria se inició la degradación de los montes (bosques, manchas, matorrales y pastizales); especialmente por la vía de los grandes incendios forestales, prendidos para favorecer los pastos de los animales herbívoros que cazaban. También se produjo la extinción de algunas especies animales, por la caza directa de algunos grandes individuos de especies muy poco resilientes (estrategas *K*), como el mamut. La presunta relación idílica entre el Hombre primitivo y la Naturaleza, tan divulgada en nuestros días, parece que no es demasiado cierta, sobre todo desde que el Hombre consiguió el dominio del fuego.

Desde entonces, y máxime desde la aparición del pastoreo, y posteriormente de la agricultura, muchos beneficios ambientales comenzaron a empobrecerse e incluso a extinguirse, por degradación de la biodiversidad y sus biomasas (en cuantía y distribución), de las de potencialidades naturales del medio, e incluso por drásticos cambios de usos en muchos espacios naturales, que han sido muy intensos en los últimos siglos (roturación, urbanización, industria, contaminación, apertura de vías de comunicación...).

Hoy aquellos beneficios aparentemente infinitos se han hecho claramente finitos, lo que nos obliga a utilizarlos con prudencia, racionalidad y mesura. Desarrollar la teorética precisa para el desarrollo sostenible, en y desde cualquier espacio natural, es por tanto una clara urgencia tecnológica y científica.

2.1.2. Disfrutes reglamentados y disfrutes ordenados

En muchas ocasiones los disfrutes de los usos y captaciones son apropiativos, pues en principio tienen un grado de propiedad poco o nada reconocido (*res nullius* o "cosa de nadie"), lo que en principio conduce a la ausencia de límites voluntarios por parte de quienes los usan o captan; así como al riesgo de abuso sobre ellos e, indirectamente, sobre algunos valores y medios naturales y sus potencialidades iniciales; por ejemplo, por erosión y degradación de los suelos, sobrepastoreo, deforestación...

Ante la creciente degradación de los valores, usos y recursos, así como de las potencialidades y extensiones de los medios naturales, se comenzó a actuar limitando los disfrutes mediante normativas reguladoras; son los que llamamos disfrutes reglamentados: vedas, control del número de agentes con derecho a usar o captar, condiciones técnicas para los usos y captaciones...

En los disfrutes reglamentados se trata de que un agente que usa o capta no se apropie de más de lo que le corresponde; respecto al resto de los agentes, a la perpetuación de los valores, usos o recursos, a la conservación misma de los medios naturales y su biodiversidad, y a la satisfacción de sus propias necesidades físicas o sicológicas.

Con el tiempo, tras el incremento del número de agentes, de su voluntad y capacidad de usar o captar, y como consecuencia sobre todo de la sobreexplotación y la degradación y extensión de los medios naturales y su biodiversidad, apareció la frecuente necesidad de pasar desde la mera reglamentación a la ordenación técnica racional de los valores, usos y recursos presentes en cada espacio más o menos natural.

El problema ahora es que el salto desde aquellos beneficios libres ancestrales, hasta los meramente reglamentados, y finalmente hasta los racionalmente manejados, no es fácil de lograr por diversas razones legales, socioeconómicas (resistencia inicial de los interesados), e incluso técnicas (insuficiencias tecnológicas). La frecuente necesidad de proceder a una restauración previa de los espacios, sus medios y sus poblaciones, suele ser el origen de los mayores conflictos; entre ellos, destacan habitualmente los de naturaleza socioeconómica, pues estas restauraciones suelen exigir unos sacrificios iniciales significativos en lo social y en lo económico.

2.1.3. Límites técnicos y socioeconómicos

Tras las captaciones efectuadas en un espacio durante un periodo cualquiera de captación (usualmente una anualidad), la densidad residual de una determinada población (en biomasa total y en distribución interna de la misma), puede ser consecuencia de un manejo ordenado o de un manejo banal; es decir: hasta las necesidades propias del desarrollo sostenible (en el manejo ordenado) o hasta los límites propios de los procesos de captación (en el manejo banal).

Los usos, aunque por definición no implican captación directa alguna de biomasa (pues si la hubiera serían recursos), pueden afectar también indirectamente a esas biomasas residuales, por sus impactos sobre sus potencialidades, querencias, comportamientos y reproducción; por tanto, y al igual que los recursos, deben ser ordenados también en muchas ocasiones. Lo mismo sucede en el caso de los valores que, sin soportar ni usos ni captaciones directas, pueden verse afectados indirectamente, en sí mismos o en su medio natural, por ellos y sus obras y demás intervenciones asociadas.

Tanto en usos como en captaciones, e incluso en el caso de no pocos valores, los límites del manejo banal pueden ser técnicos o socioeconómicos:

2.1.3.1. Límites técnicos

Los disfrutes llegan hasta donde llegan los agentes, que querrían seguir usando o captando, porque valoran sus disfrutes por encima de sus exigencias mínimas en resultados; pero existen, o terminan apareciendo, límites técnicos que se lo impiden.

Cuando las unidades de esfuerzo ejecutadas son pocas o los medios usados son pobres, no se consigue usar o captar todo lo debido (infrautilización) y existe un despilfarro de usos y recursos, especialmente en los aspectos sociales y económicos, e incluso riesgos ecológicos por incremento de las tensiones de perturbación.

Pese a lo que se tiende a creer, muchos valores, usos y recursos, así como sus medios naturales, tienden a degradarse como consecuencia de unos usos y captaciones insuficientes que acaban generando procesos de perturbación; por ejemplo, en España es hoy muy frecuente el exceso de edad y densidad en muchos tallares leñeros tradicionales, como consecuencia de la actual infrautilización de las biomasas energéticas tradicionales (leñas y carbones); lo mismo sucede en el caso de muchos pastizales que acaban sometidos a procesos de progresiva matorralización: es el ganado el que hace al pasto y no al revés como podría creerse...

Por el contrario, otras veces, los agentes terminan sus disfrutes, habiendo usado o captando más allá de lo debido; pero sin alcanzar todavía los límites socioeconómicos del abandono voluntario de los disfrutes. Si pudieran, seguirían haciéndolo (suprautilización). Los riesgos para la sostenibilidad son ahora similares a los del caso anterior (infrautilización).

En ambos casos, infrautilización y suprautilización, se incumple igualmente el principio de obligación, con iguales efectos negativos, e incluso perversos. Los efectos perversos son muy frecuentes en el caso de la infrautilización, pues inicialmente se diría que el ecosistema (s.l.) se está restaurando por sí solo y como consecuencia de esta; lo que solo suele ser cierto durante un engañoso y corto periodo de tiempo.

2.1.3.2. Límites socioeconómicos

Los límites socioeconómicos aparecen cuando los agentes abandonan voluntariamente sus usos o captaciones, e incluso cuando ni siquiera los inician, porque los resultados obtenidos no les resultan suficientemente satisfactorios; es decir: cuando lo que obtienen no les compensa por los esfuerzos de uso o captación que tienen que realizar para lograrlo, ya sea por el escaso valor de lo disfrutado (usado o captado) o por los elevados costes de su disfrute.

Este abandono puede ser temprano o tardío respecto a las necesidades del desarrollo sostenible: temprano, cuando se produce antes de completarse los disfrutes ideales; tardío, cuando los disfrutes persisten más allá de lo debido. El abandono voluntario por razones socioeconómicas tiene, en ambos casos, efectos y riesgos similares a los límites técnicos; pues en los dos, se incumple igualmente el principio de obligación, por infrautilización o por suprautilización.

2.1.4. Biomasas residuales en el manejo banal

2.1.4.1. Biomasas residuales

Por efecto de algún tipo de límite, ya sea técnico o socioeconómico, tras un manejo banal la biomasa residual de una población cualquiera puede resultar ser:

☞ *Supra-ideal*, superior a la que debería quedar.

☞ *Ideal*, una situación improbable, aunque no imposible.

☞ *Infra-ideal*, menor que la ideal, aunque no crítica.

☞ *Crítica,* cuando es extremadamente reducida.

Excepto en poblaciones de captación fácil y segura, como puede ser el caso algunos arbolados (una chopera plantada en la orilla de un río), ni siquiera un manejo banal suele poder acabar directamente con una población; porque al acabarse el periodo de captación, ya sea por límites técnicos o socioeconómicos, siempre quedará un cierto residuo que tan solo a veces será crítico; produciéndose entonces colapsos ambientales que, según casos, pueden ser biológicos o estructurales.

2.1.4.2. Colapso biológico

Cuando el residuo resulta abusivamente reducido o por el contrario demasiado elevado, respecto a las necesidades biológicas de una población (en sí misma y en sus relaciones con las demás), aparece el riesgo de colapso biológico que implica serios riesgos para su conservación. La población, pierde así su condición de renovable, al menos a escala local: su condición inicial de recurso.

La proximidad a estos residuos críticos (en biomasa total y en su distribución interna) se detecta por la deficiente reacción de las poblaciones tras las moratorias de uso y captación: falta de regeneración eficaz y de crecimiento posterior.

Se ha puesto bastante énfasis en la capacidad de carga de los ecosistemas (límite superior), pero demasiado poco en su capacidad de descarga (límite inferior). FIGURA 6. El manejo banal no suele destruir directamente las poblaciones, pero puede crear las condiciones ecológicas precisas para su extinción indirecta, como consecuencia de la actuación de distintos procesos de perturbación que devienen atípicos como consecuencia de la sobreexplotación o de la infraexplotación: problemas internos de sexualidad, endogamia, reproducción, crianza, comportamiento, y otros más bien externos como competencia, depredación, enfermedades y plagas... Cuando se trata de especies amenazadas de extinción (a escala local o a escala global), la situación se hace particularmente crítica a efectos de manejo.

Cuantificar la entidad del colapso biológico de una población en un determinado espacio natural, exige dimensionar la distancia entre su situación actual en él y la que sería biológicamente normal para ella allí. Una distancia excesiva creemos que es del orden de 1/6 a 1/12, o más, de la población biológicamente normal para cada especie en su calidad de estación más típica y frecuente. Tal vez, a efectos de conservación de la biodiversidad, no se ha prestado la suficiente atención científica y técnica a estos aspectos numéricos de la cuestión; diríamos que se ha abusado de lo cualitativo, y que el esfuerzo ha tendido a concentrarse en la simple cuantificación de las existencias o censos presentes (censos absolutos), sin ponerlas en relación con el estado de normalidad biológica poblacional (censos relativos).

Las poblaciones estrategas de la *r*, por su mismo carácter pionero o colonizador, son menos sensibles a los colapsos biológicos por escasez de existencias que las *K*; no pocas incluso parecen mejorar tras los abusos (pastos mediterráneos de anuales). Les sucede lo contrario ante el exceso de existencias.

Cuando las poblaciones residuales resultan demasiado escasas, algunas especies animales tienden a concentrarse y adensarse (aquerenciarse) en algunos espacios concretos más favorables, al tiempo que vacían otros hábitats (efecto sumidero), lo que tiende a frenar su extinción; porque terminan presentando densidades biológicamente más o menos naturales en esas zonas de concentración de mayor querencia y gregarismo, y también por reducirse significativamente, por su reducida densidad, los efectos reguladores de su posible territorialidad. Lo contrario sucede cuando las densidades son excesivas.

El colapso biológico de una población puede justificar el aplicar moratorias en sus usos y captaciones y, sobre todo, actuaciones técnicas de fomento, sobre el medio (hábitat) y sobre los equilibrios biológicos locales. Las moratorias, por sí solas y sin otras medidas de acompañamiento, suelen ser poco eficaces; sirviendo apenas para tranquilizar las conciencias de algunos.

2.1.4.3. Colapso estructural

Tras el manejo banal, cuando la población residual resulta ser excesiva o escasa respecto a la ideal, además de los consecuentes perjuicios sociales y económicos sobre el medio natural y las filiales posteriores (comercio, industria, turismo...) puede alcanzarse el colapso estructural que definimos como: *Procesos de pérdida de sostenibilidad que conducen al abandono del manejo, y que obligan a tomar medidas para recuperar la sostenibilidad*.

En los colapsos estructurales de una población por supra-captación, las moratorias pueden tener efectos perversos, al incrementarse con ellas el desinterés social y económico; por lo que dichas moratorias pueden contribuir a agravar aún más la situación.

Medir la entidad del colapso estructural de una población en un espacio, exige medir, cuantificar, la distancia estructural existente entre la situación actual y la ideal: calcular y cuantificar la sostenibilidad real en ambas situaciones. Mientras que el colapso biológico se proclama con nitidez cuando afecta a la biodiversidad (especies amenazadas de extinción global o local), el colapso estructural tiende a auto-ocultarse; pues lo que colapsa es algo por lo que la sociedad ha dejado de interesarse, porque muy poco interés económico o social tiene ya para ella.

Con el colapso estructural la posibilidad de alcanzar un manejo local sostenible y de inducir un desarrollo sostenible adecuado se esfuman, social, ecológica y económicamente:

☞*Socialmente*. Porque se paraliza la actividad social asociada a los usos y captaciones; tanto la directa o inmediata, como la indirecta o posteriormente inducida. El recreo y el empleo generados, desarrollados dentro e inducidos fuera del espacio manejado, y el interés social por el recurso y su medio natural se reducen e incluso llegan a desaparecer.

☞*Ecológicamente*.

o *Infra-captación*. Los excesos de densidad poblacional por infra-captación, pueden generar procesos de perturbación sobre la población concernida, sobre otras que comparten con ella el ecosistema, y daños al entorno; algunos mecanismos naturales de dispersión espacial y de territorialidad pueden tender a corregir estos excesos en el caso de algunos animales, pero no en el caso de los vegetales.

o *Supra-captación*. En el caso del abandono tardío y su consecuente supra-captación, los efectos de las deficiencias de población, a través de los procesos de perturbación, son similares en sus efectos (que no en sus causas) a los excesos, pudiendo llegarse en casos extremos al colapso biológico.

❧ *Económicamente*. Reducción extrema de la aportación de la población al valor neto gestionado y consecuente abandono práctico de su manejo; porque nadie querrá ni podrá invertir gran cosa en manejar algo que nada o casi nada da. El espacio no generará recursos económicos bastantes para mantener de forma endógena su manejo. Ni habrá recursos económicos para afrontar los costes totales de producción, ni tampoco quedará nada para el abono de las rentas; porque el valor neto gestionado apenas superará el valor cero. El abandono del manejo de la población en el espacio concernido se hará prácticamente inevitable. El espacio por su parte perderá valor patrimonial.

2.1.4.4. *Censos residuales en el manejo banal*

Tras el manejo banal de una población, y en hipótesis de ausencia de colapso biológico, cuando por migración, crecimiento, cría, efecto sumidero u otras causas, las existencias poblacionales se recuperen en mayor o menor grado en un espacio, los agentes volverán a reanudar allí sus usos y captaciones a su libre arbitrio; hasta precipitarlas de nuevo hasta el mismo estado anterior de abandono, al menos si las condiciones socioeconómicas no han variado. Apenas si se habrá disfrutado o cosechado entre tanto el siempre escaso crecimiento de una población acusadamente supra- o infra-normal (FIGURA 6).

Por eso los espacios disfrutados banalmente por agentes socioeconómicamente asimilables, tienden a presentar existencias residuales interanuales homogéneas, y solo presentarán verdaderas variaciones en sus existencias al inicio de su periodo de uso o captación, según haya sido cada anualidad a efectos de supervivencia, reproducción, crecimiento, fugacidad, migración y erratismo. Algunas anualidades "buenas" podrán disfrazar la realidad, al igual que algunas "malas" harán saltar las alarmas; pero la banalidad del manejo será la única realidad.

Se impactará más o menos en cada temporada y periodo; pero tras las sucesivas anualidades tenderá a quedar una "madre" similar; usualmente inadecuada para el logro de un rendimiento social y económico óptimo del espacio y tal vez hasta peligrosa para la conservación local de las unidades biológicas o del medio natural y, en ocasiones, hasta para la misma biodiversidad global; inadecuada por tanto para contribuir al desarrollo sostenible generable dentro y desde el espacio manejado.

La importancia de conseguir un manejo verdaderamente ordenado, respetuoso con las existencias residuales ideales que deban quedar en cada caso, aparece como el gran reto científico y tecnológico pendiente de abordar a efectos de desarrollo sostenible: lo que hay que dejar, antes que lo que puede extraerse.

2.2. MANEJO ORDENADO. MODELO GENERAL

2.2.1. Modelo general

En este trabajo, pretendemos hacer progresar al desarrollo sostenible más allá de lo meramente conceptual y cualitativo; proponiendo para ello un nuevo modelo general para su ingeniería, lo más fiable, normalizado y cuantitativo que sea posible.

En sí mismo, cada valor, uso y recurso es tan solo una pieza del ecosistema, o del agrobiosistema, que todos ellos comparten entre sí. Porque a efectos de manejo todos ellos son iguales o como mínimo asimilables (principio de unicidad) y porque integrados están en las realidades legales, sociales, técnicas, ecológicas y económicas de cada espacio natural, así como con todo su amplio entorno exterior y en sus actividades derivadas inducidas (comerciales, industriales, turísticas...), el modelo general para el desarrollo sostenible de todos los espacios naturales debe ser único: común a todos los espacios más o menos naturales (marinos o continentales, terrestres o acuáticos, protegidos o no) e integrador de todos sus posibles beneficios (valores, usos y recursos); potencialidad integradora que, según casos, podrá usarse con mayor o menor amplitud (ordenaciones más o menos integrales) o bien de forma restringida (ordenaciones más o menos sectoriales). El modelo general que proponemos aquí se compone de un protocolo global (para todo el Planeta) y de un algoritmo local (aquí, ahora y para esto).

Modelo general = Protocolo global + Algoritmo local

Este modelo general constituye una propuesta cualitativa y sobre todo cuantitativa, para tratar de alcanzar en cada espacio la conciliación local entre la Naturaleza y el Hombre; para afianzar el objetivo de supervivencia de la Humanidad, poniendo en práctica el conocido aforismo *Piensa en global* (protocolo global), *actúa en local* (algoritmo local).

En principio, en cualquier espacio natural, no estamos

llamados a manejar sectorialmente un desguace de sus elementos (valores, usos y recursos), sino a manejarlos lo más integradamente posible, y siempre desde perspectivas holísticas. Para la integración de los valores, usos y recursos a manejar en un espacio, la búsqueda de las sinergias existentes entre los efectos de los usos y captaciones, y de las demás obras e intervenciones a ejecutar (por acción o por omisión), así como la previsora huida ante el riesgo de posibles efectos interactivos negativos e incluso perversos (dentro o fuera del espacio manejado), conforman las directrices básicas rectoras.

Ninguna de estas cuestiones podría abordarse fuera del marco de un modelo general, aplicable a cualquiera de las estructuras ambientales afectadas, y común y potencialmente integrador de todas ellas. El modelo que ahora nos ocupa, se refiere siempre al desarrollo sostenible generado, interna y externamente, por el manejo aplicado dentro de un perímetro espacial concreto. Hablar de desarrollo sostenible o de sostenibilidad en otros sentidos (sostenibilidad de los valores, usos o recursos, sostenibilidad económica, ecológica, social...) suele ser un mero trampantojo.

Según FERNANDEZ BUEY 2004, el empleo abusivo del término sostenibilidad ha terminado vaciándolo de su auténtico contenido. El problema ahora es recuperar y aplicar el más genuino significado del desarrollo sostenible y desarrollar su tecnología; ir desde lo cualitativo (pensamiento y dialéctica) hasta lo cuantitativo (diseño y cálculo, actuación y experimentación), para lograr establecer finalmente la genuina ingeniería del desarrollo sostenible. Se refiere esta al desarrollo sostenible (interno y externo) obtenido a partir de los beneficios presentes o potenciales a manejar en cualquier espacio más o menos natural del Planeta, marino o continental, terrestre o acuático, protegido o no. Tiene por objeto la programación de los usos, captaciones, y otras intervenciones y obras a ejecutar localmente (ordenación) y su posterior puesta en obra: aplicación, supervisión, control y seguimiento (gestión).

Manejo = Ordenación + Gestión

2.2.2. Protocolo global

Nuestro protocolo global (FIGURA 7) sirve, a un tiempo, para el manejo técnico y para la investigación heurística, y se basa esencialmente en el algoritmo local a él asociado; es decir: en el diseño y cálculo de sostenibilidad de las estructuras ambientales afectadas, algoritmo que establece y cuantifica las cosas a hacer técnicamente (usos, captaciones, y demás intervenciones y obras), así como las hipótesis heurísticas que serán el objeto experimental heurístico a ensayar en cada caso de manejo (espacio, tiempo, objetivos, valores, usos y recursos).

Establecer y proponer, para los ODS 14 y 15, un protocolo global para el desarrollo sostenible viene obligado por:

Ensayo y error. El estado de los conocimientos en materia de manejo, que tiene un innegable retraso respecto a otros conocimientos científicos y tecnológicos; lo que obliga a modelos de ensayo y error.

Diversidad y complejidad. La diversidad y complejidad intrínseca de los sistemas ambientales sobre los que se actúa; diversidades y complejidades legales, sociales, técnicas, ecológicas y económicas; todas ellas con componentes internas y externas respecto al espacio manejado, a las que llamaremos: internalidades y externalidades. Es el manejo racional conjunto de todas ellas lo que puede optimizar la aportación total desde el espacio manejado al desarrollo sostenible.

Variabilidad. La variabilidad de las reacciones que aparecen en la Naturaleza, en cada momento y lugar, frente a intervenciones similares.

Ejecución. Las habituales limitaciones y dificultades técnicas del trabajo en el medio natural.

Azares. Los múltiples azares, naturales y otros, que pueden aparecer durante las intervenciones y obras.

☞*Características y principios*. Porque los diferentes beneficios, actuales o potenciales, comparten similares características intrínsecas y extrínsecas (principio de unicidad), contribuyen al desarrollo sostenible de forma asimilable (principio de beneficio) y, además, su manejo se basa en razones parecidas (principio de obligación) al igual que sus intervenciones técnicas propias (principio de precaución, principio de simulación y principios éticos).

Pueden citarse claros antecedentes de este protocolo global. Por ejemplo: para los bosques madereros y mediante instrucciones técnicas sectoriales, como las del MINISTERIO DE AGRICULTURA 1970, y otras precedentes y posteriores, se han desarrollado sus correspondientes proyectos de ordenación, y bajo formatos parecidos se han desarrollado ordenaciones para otros valores, usos y recursos (NAVARRO 1955, MONTOYA 1983, MONTOYA 1989, FAO 1999). Para todos esos casos, se han establecido también las correspondientes prácticas de gestión (puesta en obra de la ordenación). Las mejoras conceptuales, técnicas y científicas que ahora introduciremos, son significativas:

☞*Desarrollo sostenible*. En aras al objetivo de supervivencia de la Humanidad, poner el manejo al servicio del desarrollo sostenible global y no solo, como ha sido lo tradicional, de la mera sostenibilidad del manejo dentro de cada espacio concernido.

☞*Integración y universalidad*. Abordar el manejo desde la perspectiva integradora de todos los valores, usos y recursos (actuales o potenciales), ampliando los espacios a manejar a todo el Planeta: todos los espacios marinos o continentales, terrestres o acuáticos, protegidos o no.

☞*Investigación*. Ampliar el protocolo, tradicionalmente técnico, a protocolo científico de investigación heurística. Se ha venido cargando el peso de las ordenaciones clásicas (programación) y el de sus consecuentes prácticas de gestión (usos y captaciones y demás intervenciones y obras) en los aspectos puramente técnicos; ignorando el hecho de que un proyecto de ordenación es a la vez un protocolo experimental heurístico, y que sus intervenciones y obras constituyen la puesta en práctica del experimento propuesto. Esto ha minusvalorado tanto las ordenaciones como su gestión posterior, y ha excluido de la investigación científica experimental a la investigación heurística sobre el manejo de los espacios naturales, la más propia del desarrollo sostenible (ODS 14 y 125). Nuestro protocolo global es, por eso y a la vez, un hecho de manejo técnico y un hecho científico experimental orientado al avance los conocimientos locales (aquí, ahora y para esto) por la vía heurística (ensayo y error).

✐*Estructuras ambientales*. Dotar al protocolo global de un algoritmo local para el diseño y cálculo de las estructuras ambientales concernidas; algoritmo que fuerza a modificar profundamente los contenidos y el orden mismo del desarrollo de los protocolos sectoriales tradicionales, obligando a modificar las instrucciones sectoriales que puedan preexistir en cada caso.

✐*Nueva ingeniería*. Usar el protocolo global como la base fundamental para la nueva ingeniería del desarrollo sostenible, en y desde los espacios naturales (ODS 14 y ODS 15).

2.2.3. Algoritmo local

2.2.3.1. Estructuras ambientales

No debe confundirse el cálculo de estructuras ambientales con la dinámica de las poblaciones biológicas. La dinámica de poblaciones es al cálculo de estructuras ambientales, lo que la resistencia de materiales es al cálculo de estructuras físicas. El paralelismo es claro:

Resistencia de materiales → Cálculo de estructuras físicas → Proyecto de ingeniería física → Construcción

Dinámica de poblaciones → Cálculo de

estructuras ambientales → Proyecto de ingeniería
ambiental → Desarrollo sostenible

Según PIAGET 1967, las estructuras de cualquier tipo se caracterizan por su:

✒ *Complejidad*. El término estructura se refiere a la disposición y orden de las partes dentro de un todo más complejo.

✒ *Totalidad*. Las estructuras poseen más propiedades que sus elementos, el todo es más que sus partes.

✒ *Capacidad de transformación*. Poseen un equilibrio dinámico.

✒ *Capacidad de autorregulación*. Constituir un sistema de transformaciones autorreguladas por un sistema cerrado.

Las estructuras pueden ser:

✒ *Físicas*. Las estructuras físicas constituyen unidades de resistencia física frente a los esfuerzos que soportan (obras constructivas).

✒ *Ecológicas*. Las estructuras ecológicas constituyen ecosistemas naturales, entendidos como *Unidades de vida autónoma* (ALLUÉ-ANDRADE 2014). Estas estructuras constituyen unidades de resistencia o resiliencia ecológica frente a los esfuerzos naturales que soportan.

✒ *Ambientales*. Cuando los ecosistemas, además de a los mencionados esfuerzos naturales, se someten a un manejo antrópico significativo, se transforman en los llamados agrobiosistemas: *El sistema ecológico intervenido por el Hombre y sus animales* (MONTSERRAT 1972). El manejo sostenible de estas complejas estructuras ambientales puede conducir al logro y mantenimiento de eficaces unidades de resistencia ambiental frente a los esfuerzos naturales y antrópicos soportados.

Entre las estructuras ecológicas y las ambientales median las necesidades del Hombre, y por tanto todo lo concerniente a lo legal, social, técnico, ecológico y económico del manejo.

Con la excepción de los escasos ecosistemas verdaderamente prístinos que van quedando en el Planeta, casi todos los espacios naturales a manejar son más bien agrobiosistemas; espacios más o menos naturales, a los que solemos llamar también y por extensión ecosistemas. Por tanto, el término ecosistema se emplea en la práctica en dos sentidos: en sentido estricto los auténticos ecosistemas y en sentido lato los agrobiosistemas, las aguas y tierras sometidas a la actuación del Hombre y sus animales.

2.2.3.2. Diseño y cálculo de estructuras ambientales

Forman un algoritmo los pasos establecidos (definidos, ordenados y finitos) para resolver un problema cualquiera. Todo algoritmo tiene tres componentes: los datos de entrada (información), el proceso a seguir a partir de los mismos (pasos), y los resultados a lograr (soluciones).

Todas las ingenierías clásicas están dotadas desde hace tiempo con su correspondiente algoritmo para el diseño y cálculo de sus estructuras físicas. La ingeniería del desarrollo sostenible, además de precisar de dicho algoritmo para el diseño y cálculo de estructuras físicas que aplica a sus propias obras físicas (de naturaleza más bien rural), así como al conocimiento profundo de las estructuras más puramente ecológicas que le sirven de base, debe añadir su propio algoritmo local para el diseño y cálculo de sus estructuras ambientales; lo que le obliga a dar respuesta local, conceptual, encadenada y cuantitativa, a los tres componentes básicos del desarrollo sostenible: lo social, lo técnico-ecológico y lo económico (MONTOYA 2011, MONTOYA y MESÓN 2015). Por estos tres aspectos superpuestos (físico, ecológico y ambiental) la ingeniería del desarrollo sostenible tiene una enorme complejidad respecto a las demás. Creemos no equivocarnos al afirmar que ninguna otra ingeniería alcanza tales grados de complejidad estructural.

Obligadamente, nuestro algoritmo debe ser único y común para todos los beneficios a manejar (valores, usos y recursos); porque solo así será posible integrarlos entre sí; aunque pueda aplicarse también de forma parcial o sectorial. El establecimiento de este algoritmo exige y obliga usar una nueva terminología, única y lo más común que sea posible, para todos los posibles casos de manejo (espacios, tiempos, objetivos, valores, usos y recursos). Las terminologías sectoriales vigentes, por su dispersión y pese a su apariencia inicial de mayor claridad y sencillez, acabarían por ser meros obstáculos.

Algunas cuestiones básicas, como las fórmulas y coeficientes generales a aplicar en el proceso de cálculo (pasos), deberían ser aportadas por otros modelos de investigación, no heurísticos, a reserva de sus previsibles ajustes heurísticos posteriores para cada lugar, momento y objetivos. Por tanto, además de justificar y cuantificar, para cada espacio a manejar, las hipótesis heurísticas a ensayar, este algoritmo precisa otros avances en los conocimientos, a desarrollar mediante investigaciones generales (no locales); lo que permite orientar a estas hacia las cuestiones científicas más directamente aplicables al manejo: optimizar su rendimiento, concentrándolas sobre lo importante más que sobre lo interesante, para potenciar así su retorno efectivo a la sociedad. ¿Acaso no es cierto que muchas investigaciones, relativas a medios más o menos naturales, acaban por ser un mero gasto sin retorno?

2.3. MANEJO ORDENADO. ESTADIOS DEL PROTOCOLO

2.3.0. Niveles estructurales. Estadios

Nuestro modelo general presenta varios niveles estructurales (MONTOYA 2014). Algunos forman parte del protocolo global, y son comunes a todos los casos de manejo; otros estructuran el algoritmo local, y son propios de cada valor, uso y recurso en cada espacio.

Denominamos estadios a los niveles estructurales propios del protocolo global (FIGURA 7).

2.3.1. Estadio 1º. Proyecto de Ordenación (redacción)

Ordenar es proyectar para un espacio los usos y captaciones, así como todas aquellas otras intervenciones y obras que por acción (directa o indirecta) o por omisión, vayan a ser gestionadas en él; es decir: aplicadas en la realidad, supervisadas en su caso, controladas en sus resultados, y seguidas en sus efectos (MONTOYA 2013).

Acabamos de mencionar dentro de esa definición todos los sucesivos estadios del protocolo global:

Protocolo global = Proyecto + Aplicación +
Supervisión + Control + Seguimiento

Lógicamente, todo proyecto de ordenación está condicionado por las posibles planificaciones previas que conciernan al espacio afectado y, por supuesto, por la normativa legal aplicable en cada caso (espacio, tiempo, objetivos, valores, usos y recursos a manejar); cuestiones ambas que deben ser siempre debidamente identificadas y tenidas en cuenta.

Una legislación adecuada y un control bastante del espacio son condiciones previas para ordenar. Carece de sentido ordenar un espacio, si no se le controla suficientemente. Cuando las actuaciones programadas no vayan a ser las principales allí, o no se vayan a aplicar conforme a lo programado, ordenar no será útil ni razonable: tirar tiempo, esfuerzos, ilusiones y dinero. Para poder ser ordenados, los espacios deben estar suficientemente acotados o delimitados en su perímetro y deben ser debidamente defendidos frente a actuaciones ajenas significativas.

Los espacios calificables de "baldíos", ya sea por razones legales, políticas, sociales, falta de control... o bien por estar sometidos a usos, captaciones, y demás intervenciones y obras descontroladas o furtivas, no son espacios ordenables.

En muchas aguas marinas, en especial en las internacionales, el espacio está todavía baldío, entendiendo por tal al que no está sujeto a la autoridad de un titular efectivo (público o privado), lo que dificulta la posibilidad de alcanzar un manejo racional (FERRETI 2014).

Es obvia la necesidad de realizar las oportunas actuaciones políticas y legislativas, nacionales e internacionales; pero también es preciso desarrollar las tecnologías de ordenación precisas. Por tanto, ordenar no es solo una cuestión de voluntad, tecnología y capacidad económica, sino también de utilidad, posibilidad legal y control del espacio.

Resolver el marco de concienciación y tecnológico, es relevante; pero la puesta en aplicación de los conocimientos científicos y técnicos exige decisiones propias del ámbito político-legislativo. Las deficiencias actuales que padecen los espacios naturales no son solo tecnológicas: la educación, la política y la legislación están también implicadas. La policía de los valores, usos y recursos y las características dificultades de control de los espacios naturales se muestran aquí con toda su importancia, crudeza y entidad.

Tradicionalmente, en todos los espacios, y para parte o todos los posibles beneficios presentes en cada caso, un proyecto de ordenación, a partir de lo que tenemos y de lo que queremos, programa lo que haremos durante el próximo periodo de ordenación. Sintéticamente: *de lo que tenemos a lo queremos, mediante lo que haremos.*

En nuestros días, un proyecto de ordenación debe probar, mediante el correspondiente algoritmo local, que lo que haremos resulta en principio óptimo respecto a la contribución del manejo proyectado al desarrollo sostenible, en todo lo legal, social, técnico, ecológico y económico que concierna al espacio a manejar y a su entorno exterior; lo que obliga a completar y anexar en cada caso su propio diseño y cálculo de estructuras ambientales.

2.3.2. Estadio 2º. Aplicación. Planes Anuales (azares)

Si el primer estadio del protocolo es el estadio de proyecto de ordenación, los cuatro siguientes son los estadios de su posterior gestión o puesta en obra.

Protocolo = Proyecto de ordenación
(Programación) + Gestión (Puesta en obra)

Gestión (Puesta en obra) = Aplicación +
Supervisión, + Control + Seguimiento

Tras el proyecto de ordenación (estadio 1º del protocolo global), la aplicación de la ordenación es el primer estadio de la gestión, y se refiere tanto al establecimiento o redacción del proyecto mismo de los sucesivos planes anuales, como a la ejecución de los usos y captaciones y demás intervenciones y obras previstas en ellos.

Aplicación = Proyecto de plan anual + Ejecución
de actuaciones

Si el proyecto de ordenación es un proyecto de programación, el proyecto de plan anual es un proyecto de obra que establece cómo se va a hacer lo que la ordenación dice que se debe hacer.

El proyecto de plan anual es un proyecto de obra que programa, para cada anualidad del periodo de vigencia de la ordenación, todas las actuaciones referentes a los valores, usos, captaciones, y demás intervenciones y obras. Antes de proceder a su redacción, es precisa una interpretación correcta y bastante del proyecto de ordenación, lo que exige a un cierto grado de conocimientos en la materia a su autor y, cuando son distintos, una estrecha cooperación entre quien programa y quien gestiona.

En cada anualidad del periodo de vigencia de la ordenación, y antes de iniciarse la ejecución de los usos, captaciones, y demás intervenciones y obras previstas, tanto las regladas como las extraordinarias previsibles (también puede haberlas imprevisibles, a resolver por el gestor sobre la marcha del día a día), debe establecerse el oportuno proyecto de plan anual, acorde siempre con el proyecto de ordenación establecido.

Cada proyecto de plan anual, como proyecto de ingeniería que es, debe desarrollar sus propios documentos técnicos para las actuaciones a ejecutar; para sus usos, captaciones, y demás intervenciones y obras.

La ordenación programa los trabajos en fechas, cuantías, localizaciones, etc.; pero físicamente ni puede ni debe proyectar su puesta en obra.

Cuando proceda, el proyecto de plan anual debe ser la base técnica precisa para la solicitud de excepciones a la normativa vigente y para la internalización de las externalidades generadas (tramitación de subvenciones y ayudas).

Es frecuente y deseable que el proyecto de ordenación incluya el proyecto de su primer plan anual, como guía práctica a seguir por el gestor durante las anualidades venideras. Esto, facilita al gestor la interpretación de la ordenación y su aplicación inicial.

Sin embargo, un plan anual no puede ser una mera copia de lo que la ordenación prevé para su anualidad, porque cada plan anual debe absorber los posibles adelantos o atrasos de ejecución que puedan arrastrarse desde anualidades anteriores, o anticiparse para las posteriores, y corregir además los habituales errores, incidentes, accidentes, limitaciones, oportunidades, costes y otros aspectos que hayan ido apareciendo en obra o que no hayan podido ser concretados en la ordenación y mucho menos aún a "x" años vista: normativa reciente, estado real de las poblaciones, presupuestos, precios vigentes, personal, maquinaria y otros medios disponibles, rendimientos...

Muy especialmente, cada proyecto de plan anual tendrá que corregir los azares de aplicación que puedan presentarse, tratando siempre de llegar al final del periodo de ordenación con el programa de trabajos plenamente ejecutado.

Estos azares pueden ser: biológicos, de uso y captación, o técnicos. Azares de cualquiera de estos tres grandes tipos pueden forzar a modificar el programa inicialmente previsto o incluso, en casos extremos, a una revisión anticipada o extraordinaria del proyecto de ordenación inicial.

Azares biológicos.

- *Supervivencia*. Las poblaciones residuales que quedan tras una temporada completa de uso y captación suelen padecer bajas (naturales o antrópicas) hasta que se inicia la siguiente.

  Estas bajas no siempre son iguales, lo que puede llevar a variaciones intraanuales e interanuales, importantes y poco previsibles; en especial en el caso de las unidades biológicas estrategas r.

- *Reproducción*. Las unidades biológicas suelen tener una determinada capacidad media de reproducción útil (entre dos fechas referenciales) que también puede sufrir variaciones según anualidades.

  No siempre esta reproducción interanual afecta inmediatamente a las captaciones, pues a veces las captaciones serán tardías (grandes individuos, animales o vegetales).

- *Crecimiento*. Tampoco los crecimientos son iguales en todas las anualidades. Por ejemplo, los pastos herbáceos dependen de cada ciclo meteorológico, también las cuernas de los cérvidos, igualmente los anillos de crecimiento anual de los peces y los árboles (en escamas y troncos); aunque en estos dos últimos casos, la acumulación de crecimientos suele absorber buena parte de este erratismo, sobre todo en el caso de los árboles, grandes peces y otros animales longevos y de gran talla (estrategas K).

o *Fugacidad*. Los pastos y muchos otros productos de recogida (hongos, algas, espárragos, frutos del monte, plantas melíferas, aromáticas, medicinales…) son característicamente fugaces; una vez generados no se conservan y acumulan, sino que duran más bien poco.

La fugacidad no siempre es la misma entre las diferentes anualidades, ni en intensidad ni en fechas (fenología), por lo que es prácticamente imposible garantizar *a priori* unas condiciones determinadas.

o *Migración y erratismo*. Las unidades elementales migratorias (terrestres o acuáticas, dulceacuícolas y marinas) presentan frecuentemente pasos anuales erráticos, en localización, intensidad y fechas, en especial a la escala concreta de los espacios ordenados; pues estos suelen ser relativamente pequeños, respecto al periplo anual de dichas unidades, por lo que resulta imposible garantizar en un espacio unas condiciones concretas de migración en una anualidad futura.

Lo mismo sucede con las unidades elementales erráticas, considerando como tales aquellas cuyo ámbito territorial desborda la extensión de las unidades espaciales manejadas. Sin embargo, en migratorias como en erráticas, siempre se pueden y se deben justificar y calcular unas cifras racionales: las sensatamente esperables en condiciones típicas o medias.

☞ *Azares de ejecución*.

o *Meteorología*. En el medio natural, la ejecución práctica de usos, captaciones, y otras intervenciones y obras depende en muchos casos de circunstancias variables e imprevisibles. Por ejemplo, temporadas en las que el curso meteorológico favorece o dificulta dichas ejecuciones.

o *Fenología*. Otros aspectos variables, tales como los cursos fenológicos anuales, pueden resultar también condicionantes.

o *Incidencias*. Además, durante la ejecución de los usos, captaciones, y otras intervenciones y obras, es frecuente la aparición de incidencias inesperadas que las condicionan: como errores, incidentes, accidentes, limitaciones, oportunidades, costes...

Azares técnicos.

o *Otras desviaciones*. Sea por las complejas limitaciones técnicas propias de la materia, o por errores humanos o por otras causas, la previsión de manejo más sensata y honrada posible (del proyecto de ordenación o del proyecto de plan anual) suele contener errores, imprevisibles e imprevistos; aunque, por supuesto, no son admisibles los derivados de incompetencia técnica o de manipulación dolosa de los datos y resultados.

2.3.3. Estadio 3º. Supervisión (calidad)

Este estadio de la gestión se refiere tanto a la calidad misma del proyecto de ordenación y de los sucesivos proyectos de plan anual, como a la calidad de la posterior ejecución de los usos, captaciones y demás intervenciones y obras.

La supervisión puede ser interna (profesionalidad y buen hacer de quienes intervienen) o externa. La externa suele ser recomendable para garantizar que el proyecto de ordenación y cada proyecto de plan anual, así como su posterior aplicación, son compatibles con el desarrollo sostenible a generar desde dentro del espacio manejado (internamente) y a inducir fuera del mismo (externamente).

No siempre existe esta supervisión externa, ni siquiera es siempre aconsejable; pero cuando resulte posible, necesaria y rentable, es recomendable establecer y aplicar un buen sistema de unidades controlables o de cosa cierta, con las que el supervisor pueda comprobar fácilmente la calidad del manejo. También deben fijarse los oportunos criterios e indicadores controlables que permitan normalizar esta supervisión, reduciendo en todo lo posible sus costes económicos y sus márgenes de discrecionalidad.

La supervisión suele realizarse a través de las administraciones públicas, empresas especializadas e incluso mediante organizaciones no gubernamentales. Cuando en una u otra forma se certifica la calidad del manejo, aparecen además otros entes especializados en estas cuestiones (certificadoras).

2.3.4. Estadio 4º. Control. Memorias Anuales (archivo)

Este estadio de la gestión se plasma en el establecimiento y posterior archivo de las sucesivas memorias anuales, relativas a los resultados de uso y captación realmente habidos, y a las demás intervenciones y obras realizadas.

Estas memorias anuales, aparte de su propia utilidad técnica, constituyen además la toma de datos del experimento heurístico subyacente, y deben establecerse tras cada anualidad del periodo de vigencia de la ordenación.

Como consecuencia de los casi inevitables azares (biológicos, de ejecución y técnicos), las previsiones de todo proyecto de plan anual se desvían después casi siempre durante su aplicación. Las previsiones de este y sus desviaciones deben ser constatadas, memorizadas y archivadas; pues las sucesivas memorias anuales serán la base principal para la siguiente revisión de ordenación. Además, en el caso de las intervenciones extraordinarias de gestión, tanto las previsibles como las imprevisibles, suele ser obligatorio informar debidamente al supervisor (Administración u otro) sobre todas estas actuaciones y sus resultados y realizaciones.

La memoria anual debe ser: breve, concisa, concreta, clara y fiable; pero sobre todo debe quedar debidamente archivada.

Las memorias anuales sobre las ejecuciones, incidencias y resultados deben ser redactadas por el gestor responsable de la aplicación de cada proyecto de plan anual (director de obras); pues nadie como él conoce lo que ha ido haciéndose, así como los aciertos, azares y errores habidos.

Es aconsejable realizar conjuntamente la memoria anual sobre lo sucedido durante la anualidad anterior y el siguiente proyecto de plan anual; pues este no puede proyectarse hasta conocer algunos datos, imprescindibles y propios de la memoria anual precedente: adelantos y atrasos de ejecución, rendimientos, costes y beneficios, precios reales, financiación, incidencias diversas de obra y otras.

Además, las posibles cadenas de custodia a establecer sobre los bienes tangibles generados (trazabilidad), deberían arrancar igualmente de estas mismas medidas de control.

2.3.5. Estadio 5º. Seguimiento (revisiones)

El estadio de seguimiento se refiere a las sucesivas revisiones del proyecto de ordenación (ya sean ordinarias o extraordinarias) e incluye, simultáneamente, las consideraciones finales y la reprogramación técnica del proyecto de ordenación y, por supuesto, las del experimento heurístico implícito en él.

En la práctica resulta imposible alcanzar una ordenación permanente; porque los imparables cambios, sobre todo los normativos, pero también los sociales, técnicos, ecológicos y económicos, suelen hacer que lo que tenemos (acta de estado) y lo que queremos (espacio modelo) varíen, y además los avances en la cultura, los conocimientos y las técnicas, modifican continuamente nuestras reglas del arte y los códigos de conducta y buenas prácticas; es decir: lo que haremos y el cómo lo haremos (planes especiales).

Por si todo ello fuera poco, y aunque esto pueda llegar escandalizar a algunos, el buen manejo de los espacios naturales y de los valores, usos y recursos presentes en ellos, ni existe ni puede llegar a existir. Los inevitables errores, imprevisibles e imprevistos de la ordenación, y los posteriores azares, fallos y errores humanos de gestión (aplicación, supervisión y control) que aparecen inevitablemente durante la búsqueda del desarrollo sostenible, hacen de este una utopía, tal vez imposible de alcanzar primero y seguro que imposible de mantener después.

¿Qué podemos conseguir entonces? Un proyecto de ordenación lo suficientemente racional pero siempre revisable (obsolescencia programada), y una gestión lo bastante buena para cada uno de los beneficios manejados, pero siempre precisada de continuos ajustes en el día a día (calidad). Por tanto: obsolescencia programada en la ordenación, y autocrítica humilde, reflexiva y progresiva durante la gestión. El desarrollo sostenible es finalmente una escurridiza utopía. No es un punto de llegada, es un camino. Recurriendo una vez más al tradicional retruécano, propio del barroco español: no hay un camino al desarrollo sostenible, el desarrollo sostenible es el camino.

Ensayada la anterior ordenación, observados, analizados y cuantificados los usos, captaciones, y las demás intervenciones y obras ejecutadas, así como sus efectos posteriores, y tomando en consideración los cambios habidos; el seguimiento se plasma, finalmente y a cada vez, en una revisión de ordenación; es decir: en un "nuevo" proyecto de ordenación establecido a la vista:

1º/ Del anterior.

2º/ De los sucesivos proyectos de plan anual.

3º/ De las sucesivas memorias anuales establecidas durante todo el periodo de vigencia de la ordenación.

4º/ De los cambios ambientales globales habidos.

Las sucesivas revisiones de ordenación son el mejor procedimiento imaginable para poder ir adecuando progresivamente y siempre la ordenación a:

☞ *Realidad*. La variable realidad local y sus inevitables azares; así como a las modificaciones de cualquier tipo que se vayan produciendo: legales, sociales, técnicas, ecológicas, económicas...

☞ *Avances*. Los avances en los conocimientos y en las técnicas, que según casos pueden ser externos al espacio que se maneja (avances generales) o pueden ser las consideraciones finales resultantes de la propia investigación heurística interna, implícita al propio proceso de manejo (avances locales).

☞ *Objetivos*. Tal vez para los posibles nuevos objetivos a proponer, que suelen ser consecuencia de los avances anteriores y también de los cambios normativos y socioeconómicos que hayan ido apareciendo.

El proyecto de ordenación inicial establece un programa global de usos, captaciones, y demás intervenciones y obras, racional y técnicamente adecuado (en principio y mientras no se demuestre lo contrario) y simultáneamente plantea el experimento heurístico a realizar.

Luego, se aplica lo programado (proyectos de planes anuales) y se controlan sus efectos reales en el espacio ordenado (memorias anuales).

Posteriormente, en revisiones de ordenación llamadas ordinarias (efectuadas en la fecha prevista por la ordenación) o bien anticipadas o extraordinarias (cuando por excepción proceda) se revisa la totalidad de la situación ordenada, para tratar de conseguir en el futuro una progresiva mejora del manejo y para avanzar en los logros del experimento heurístico implícito (retroalimentación).

En todo proyecto de ordenación debe fijarse su plazo o periodo de validez máximo (periodo de ordenación) hasta proceder a su revisión ordinaria, y también los criterios para proceder (por excepción) a su revisión anticipada o extraordinaria (periodo de vigencia real de la ordenación); decisión que debe ser iniciativa del gestor y que reactiva todo el proceso de manejo.

Cada revisión de ordenación, y al igual que ocurre con la redacción de los proyectos de planes anuales, exige una estrecha cooperación entre quien programa y quien ejecuta.

La cadena formada por las sucesivas revisiones de ordenación acumula y sintetiza la experiencia heurística lograda (avances científicos logrados aquí, ahora y para esto) y perfecciona progresivamente la ordenación; constituyendo en la práctica el seguimiento real de la misma.

El peor proyecto de ordenación será siempre preferible a la ausencia de esta (a condición de que la ordenación sea realmente necesaria); pero hay que abandonar toda esperanza ingenua: nunca se alcanzará el mejor proyecto de ordenación posible; simplemente se seguirá tenazmente tras él, constante e indefinidamente, tras esa hermosa, huidiza e ilusionante utopía que es el desarrollo sostenible.

2.3. MANEJO ORDENADO. FASES DEL ALGORITMO

Para cada caso de manejo local (espacio, tiempo, objetivos, valores, usos y recursos), las fases del algoritmo local (FIGURA 7) que desarrollan el diseño y cálculo de las estructuras ambientales afectadas, son: 1ª/ Levantamiento del acta de estado. 2ª/ Diseño del espacio modelo. 3º/ Programación de los planes especiales. Responden al itinerario lógico propio de toda ordenación: de lo que tenemos a lo que queremos mediante lo que haremos.

Ordenación = de lo que tenemos
(Levantamiento del acta de estado), a lo que
queremos (Diseño del espacio modelo), mediante
lo que haremos (Programación de los planes
especiales)

El cálculo de estructuras ambientales se desarrolla, en cada fase, a través de cuatro etapas comunes a todas ellas: 1ª/ Análisis de vertebración. 2ª/ Análisis sociológico. 3ª/ Análisis ecológico. 4ª/ Análisis económico. Un avance sobre el cálculo de estas etapas se desarrolla en MONTOYA y MESÓN 2016 a, b y c.

2.3.3. Fase de levantamiento del acta de estado

En esta fase, a través de las cuatro etapas que desarrollan su cálculo estructural, se describe y cuantifica la situación ambiental actual del espacio a manejar. Es por tanto una etapa de naturaleza inventarial que se limita a constatar, describir y cuantificar "lo que tenemos" en dicho espacio: antecedentes, hechos, valores, usos, recursos, limitaciones, oportunidades, potencialidades e impactos. En el caso particular de los espacios naturales protegidos esta es la fase inventarial del llamado Plan de Ordenación de Recursos Naturales (PORN).

2.3.4. Fase de diseño del espacio modelo

Los beneficios generados en el espacio a manejar, muchas veces se vienen generando, conservando y fomentando, con un mayor o menor grado de empobrecimiento; ya sea por usarse demasiado o demasiado poco, o bien por haberse degradado ellos mismos o su medio ambiente por un mal manejo previo. El manejo ideal futuro, a diseñar, deberá optimizar e integrar los beneficios presentes o potenciales (cada uno, algunos, o idealmente todos) hasta poner en pleno valor tanto el espacio afectado como su entorno exterior; para lograr el mejor desarrollo sostenible posible.

Sin establecer con claridad "lo que queremos" y podemos lograr a partir de lo que hoy tenemos, será imposible justificar la conveniencia y utilidad del manejo. La aceptabilidad social y económica por parte de los interesados en él quedará severamente comprometida. Además, será imposible calcular lo que haremos; porque sin las referencias numéricas de un espacio modelo ideal bien diseñado y calculado a través de sus correspondientes cuatro etapas propias (vertebración, social, ecológica y económica), será imposible calcular posteriormente los procesos de convergencia (itinerario a seguir desde lo que tenemos hasta lo que queremos) que son imprescindibles en el diseño y cálculo de estructuras ambientales (MONTOYA 2013).

El diseño del espacio modelo es preciso también para cuantificar la distancia que nos separa de la situación de sostenibilidad ideal local propuesta (interna) o del desarrollo sostenible global (interno y externo). Es finalmente un simulador propuesto para tratar de dar respuesta (técnica y experimental) a una cuestión clave: ¿Cómo serían este espacio y su entorno, y sus valores, usos, recursos y medio natural, en lo social, en lo técnico-ecológico y en lo económico, si el espacio a manejar estuviera hoy en el estado ideal que pretendemos? En el universo de los espacios naturales protegidos esta fase de diseño del espacio modelo ideal corresponde a la programación estratégica del llamado Plan de Ordenación de los Recursos Naturales (PORN) que es propio de cada uno de dichos espacios, y que debe estar basado en su correspondiente fase previa de levantamiento del acta de estado.

En todos los casos, el diseño del espacio modelo debe

establecer cómo queremos que el espacio a manejar acabe siendo y siga siendo para "siempre"; aunque este "siempre" sea en la práctica revisable. Para cada valor, uso y recurso, el espacio modelo puede diseñarse con un objetivo o estado final a alcanzar que, según casos, puede ser de normalidad biológica o de compatibilidad ambiental (MONTOYA 2013).

2.3.4.1. Estado de normalidad biológica

Se refiere a la normalidad biológica de la biocenosis local, en lo que concierne a la cuantía de la biomasa total presente, y a su distribución interna según especies, densidades, sexos, edades, dimensiones, y condiciones individuales de calidad, situación, estado, etología y fenología.

Porque de forma natural suele existir un cierto grado erratismo temporal, inter o intra anual, tanto en existencias totales como en la distribución interna de sus biomasas, el estado de normalidad biológica se refiere al estado poblacional promedio, que es aquel para el que toda población está biológicamente más adaptada: el entorno poblacional promedio en el que ha evolucionado, habida cuenta simultáneamente de su autoecología, de la competencia interespecífica, y de las perturbaciones. En cada lugar y momento, para cada población, este estado promedio de normalidad biológica está situado (FIGURA 6) en los niveles intermedios de acumulación de biomasa; en el entorno del 50 % de la capacidad de carga del ecosistema en las condiciones de calidad estacional para esa población.

Alcanzar y mantener el estado de normalidad biológica, además de una máxima "naturalidad", pues simularía una Naturaleza original mantenida por ella misma y por acción complementaria del Hombre, implica en principio los siguientes beneficios:

☞ *Sociales*.

o *Máxima generación de recreo y empleo*. Directos e indirectos.

o *Óptima conservación.* Para todos los valores, usos y recursos, así como para todas las externalidades, y los paisajes naturales y culturales locales asociados.

☞ *Ecológicos.*

o *Máxima estabilidad poblacional.* Por ser óptima la resistencia de cada población ante los agentes naturales de perturbación (agentes de debilidad o equilibrio, bióticos o abióticos) por minimización de los factores de predisposición (máxima resiliencia). FIGURA 5.

o *Mejora genética.* Por ser óptimas las condiciones de reproducción y de selección genética para cualquier unidad biológica; porque todas ellas, y aunque con un mayor o menor erratismo (*r* y *K*), han evolucionado adaptándose precisamente al entorno de esa normalidad biológica.

o *Mejora de la biodiversidad.* Gestión óptima de los posibles conflictos interespecíficos en el ecosistema, al haberse conformado ese equilibrio interespecífico, dentro de los ecosistemas naturales y para todas sus poblaciones, en el entorno de ese orden de cifras cuantitativas promedio propias del estado de normalidad biológica.

o *Máxima esperanza de vida.* La esperanza de vida para los nuevos seres vivos nacidos es muy reducida, tanto en estados poblacionales con exceso como con escasez de biomasa, siendo sin embargo máxima en los estados de normalidad biológica.

o *Minimización del sufrimiento animal.* Como consecuencia del incremento de la esperanza de vida y de la modulación del número de nacimientos, se genera el mínimo número de muertes y el mínimo dolor animal en la Naturaleza, respecto a la cuantía de vida (biomasa presente) y en especial respecto a los estados supranormales.

☞ *Económicos.*

o *Máxima producción biológica.* Máximo crecimiento

poblacional por unidad de tiempo (FIGURA 9). Este máximo crecimiento, esta máxima "renta en especie", se mantiene aproximadamente constante en niveles de biomasa bastante amplios (FIGURA 10), lo que permite y da margen a decisiones técnicas muy relevantes, relacionadas sobre todo con el control de densidad poblacional.

o *Máxima producción económica*. Inicialmente la máxima producción biológica, o máxima producción de biomasa, conduciría a los máximos ingresos potenciales y en consecuencia a las óptimas condiciones económicas para el manejo; aunque siempre salvo excepciones de mercado ligadas al precio de los productos, a los intereses o réditos de los capitales invertidos, y a los valores añadidos externos posteriores que resulten finalmente internalizados.

o *Control inicial de impactos y daños económicos*. De los que podrían llegar a aparecer sobre otros valores, usos y recursos. Decimos inicial, porque esto no siempre es cierto, aunque suela serlo.

2.3.4.2. *Estado de compatibilidad ambiental*

Para cada valor, uso y recurso, las razones de compatibilidad ambiental que, en muchas ocasiones y por razones de desarrollo sostenible, deben primar sobre los criterios de normalidad biológica, pueden ser de:

Compatibilidad social. Cuando deban tenerse en cuenta los diferentes intereses sociales, propios del mismo espacio, de otros espacios (aledaños o remotos), o de otros momentos (pasados o futuros).

Compatibilidad natural. Cuando por razones de conservación de otros valores, usos y recursos (especies y ecosistemas concretos, sanitarias...) sea preciso aspirar a un estado distinto del de normalidad biológica.

Compatibilidad económica. Cuando el estado ideal lo

determinen razones tecnológicas o financieras, los precios de lo captado o de los usos, los intereses de los capitales invertidos, o bien otros intereses económicos presentes en el mismo espacio u otros externos, aledaños o remotos.

Por cualquiera de esas tres razones genéricas de compatibilidad, puede darse el caso de que los estados poblacionales ideales deban ser infra- o supranormales en sus cuantías totales de biomasas, o bien atípicos en sus distribuciones ideales respecto a las normales (MONTOYA y MESÓN 2015). Estas desviaciones no pueden ser extremas, sin caer en riesgos y daños para la conservación del ecosistema y su biodiversidad. Por tanto, y en todos los casos, las referencias propias de la normalidad biológica deben constar siempre en el diseño del espacio modelo; incluso cuando se aspire a una situación ideal diferente de la normal. Respecto al estado de normalidad biológica, el estado de compatibilidad ambiental puede ser infra- o supra-normal:

✍*Infra-normal*. Por razones de:

- o *Compatibilidad*, cuando teniendo un estado progresivo, la unidad elemental cree problemas de compatibilidad, tales como daños a los cultivos, al ganado o a otros intereses humanos, sobre determinadas especies amenazadas de extinción, daños al ecosistema, erosiones, riesgos sanitarios...

- o *Precio*, en la generación de ejemplares de gran dimensión y precio (grandes peces, trofeos de caza, árboles...) o de unidades de disfrute activo de alta calidad.

✍*Supra-normal*. Por razones de:

- o *Ecosistemas maduros*, es el caso de las labores de conservación de las especies y usos asociados a ecosistemas maduros o de estos mismos ecosistemas.

- o *Captaciones*, para por razones de mercado conseguir aumentar la eficacia de captación. En determinados recursos, los faunísticos en especial, conseguir un elevado rendimiento en las captaciones logradas por unidad de esfuerzo ejecutada física, exige mantener densidades supra-normales, lo mismo sucede en el universo de los pastos, cuando se quieren acumular reservas para su uso posterior, a diente o a siega.

- o *Usos*. Para potenciar algunos usos recreativos; por ejemplo, para una más fácil observación o fotografía de la fauna silvestre, lo que de nuevo puede aconsejar mantener densidades poblacionales elevadas (con los lógicos límites ecológicos y de racionalidad).

2.3.5. Fase de programación de los planes especiales

Esta fase, a través de las sucesivas etapas que desarrollan su cálculo estructural (vertebración, social, ecológica y económica), desarrolla la programación de los usos y captaciones, y demás intervenciones y obras. Es por tanto una etapa de naturaleza programática que establece "lo que haremos".

En el marco del protocolo global para el desarrollo sostenible, los distintos planes especiales (FIGURA 7) que organizan todas las decisiones de actuación referentes a los usos y captaciones, y demás intervenciones y obras, son los de: 1º/ Usos y aprovechamientos. 2º/ Defensa y daños. 3º/ Fomento biológico. 4º/ Desarrollo patrimonial. 5º/ Gestión (aplicación, supervisión, control y seguimiento).

En los espacios naturales protegidos esta fase de programación de los planes especiales cristaliza en los llamados Planes Rectores de Uso y Gestión (PRUG) que vienen a ser el desarrollo táctico de la programación estratégica del Plan de Ordenación de los Recursos Naturales (PORN) de cada uno de estos espacios.

El paralelismo que venimos desarrollando hasta aquí entre los diferentes niveles de protección espacial es necesario, porque el desarrollo sostenible a generar en y desde los espacios naturales protegidos, está obligado a someterse, antes o después, al mismo modelo general (protocolo global y algoritmo local) que los espacios naturales "no protegidos". En realidad, tan solo el diseño del espacio modelo ideal para cada caso les diferencia, y aún esto no siempre.

Integrar a todos y cada uno de los espacios naturales protegidos en un mismo modelo general, único y común con los espacios no protegidos, es urgente a efectos de lograr la racionalización y normalización de su manejo. Recordaremos en este sentido que una norma es, sencillamente, *Una solución para un problema que se repite* (CABEZAS y ALCANDA 2008).

Los planes especiales se programan para el llamado periodo de ordenación o plazo inicial de validez del proyecto de ordenación, que abarca desde que termina el periodo transitorio (desde el inicio de la redacción del proyecto a su entrada en aplicación), hasta la fecha inicialmente prevista para su revisión ordinaria. Esta debería realizarse siempre en esa fecha inicialmente prevista; excepto que aparezcan razones, usualmente azares, errores, imprevistos o imprevisibles de proyecto o de gestión, que hagan aconsejable una revisión anticipada o extraordinaria. Lo que muy rara vez cabría es una prórroga del periodo de ordenación.

En la mayoría de los casos el periodo de ordenación más habitual suele ser de 5 años, en especial con unidades biológicas estrategas de la r. En el caso de los bosques y otras estrategas de la K el plazo suele poder ser más amplio, del orden de los 10 años. Los cambios socioeconómicos son hoy tan rápidos que desaconsejan periodos mayores; antaño se llegó incluso a periodos de 20 años. Los periodos menores que los indicados conducen a manejos complejos, poco estables y erráticos, al afectar usualmente a la continuidad de los procesos de convergencia: proceso a seguir para llegar desde lo que tenemos a lo que queremos.

2.4. MANEJO ORDENADO. PROYECTOS DE MANEJO

2.4.1. Objetivos

En cada caso (espacio, tiempo, objetivos, valores, usos y recursos) el manejo ordenado de cualquier espacio natural (marino o continental, terrestre o acuático, protegido o no) tiene por objetivo técnico principal el dejar tras los usos y captaciones, y para cada población manejada, las existencias residuales consideradas ideales a efectos de desarrollo sostenible. Complementariamente, debe proyectar y ejecutar las demás intervenciones y obras que sean precisas, en beneficio de la sostenibilidad interna del manejo y del pleno desarrollo sostenible a lograr a partir de los valores, usos y recursos presentes o potenciales, propios del espacio a manejar. Debe tenerse en cuenta:

Utilidad. La ordenación no debe ser consecuencia de un mero prurito ordenancista; o es útil o es inútil, y si es inútil será perjudicial: un gasto superfluo que, además, puede llegar a generar conflictos innecesarios con diversos interesados, internos o externos respecto al espacio ordenado. Se trata, por tanto, de ordenar bien aquello, y solo aquello, que sea preciso ordenar.

Espacio. Se ordena siempre un espacio físico, marino o continental, terrestre o acuático, protegido o no, y según casos comprendido bajo una o más lindes; pero siempre bien delimitado y suficientemente controlado.

Singularidad. Nunca un espacio es igual a otro; cada espacio a manejar es un universo único e irrepetible. A las omnipresentes y muchas veces poco detectables diferencias ecológicas, se añaden otras concernientes al ámbito de lo legal, social, técnico y económico de cada espacio; así como al momento y objetivos de cada ordenación.

Intervenciones y obras. En toda ordenación se deben programar, solo y exclusivamente, los usos y captaciones a ejecutar; así como las demás intervenciones y obras precisas, susceptibles de ser debidamente gestionadas (aplicadas, supervisadas, controladas y seguidas) y que, por acción o por omisión, tendrán un efecto directo o indirecto real sobre los valores, usos y recursos manejados y su entorno, próximo o remoto.

2.4.2. Proyectos de Manejo

La dimensión, contenidos y plazos de tiempo precisos para la redacción de un proyecto de manejo, ya sea un proyecto de ordenación (proyecto de programación) o un proyecto de plan anual (proyecto de obra), determinan sus costes de establecimiento.

Porque esos costes deberían ser siempre proporcionados a la entidad real de lo manejado, no debería redactarse ninguno de dichos proyectos de manejo (de ordenación o de plan anual) siguiendo instrucciones técnicas demasiado complejas o rígidas que puedan conducir a costes desproporcionados; algo demasiado frecuente en nuestros días.

No pocas de las normas oficiales que vienen apareciendo en esta materia, establecidas desde perspectivas abusivamente funcionariales, cuando no directamente estúpidas, prescinden del coste; pero este es un aspecto fundamental, tanto en los espacios públicos que no deberían convertirse en sumideros de dinero público (pólvora del rey), como en los espacios privados que, por razones de costes y complejidad técnica y científica, suelen terminar abandonando el buen manejo. La racionalidad, la flexibilidad, y la práctica del mejor y más sano sentido común son la solución alternativa, a proponer, desarrollar y seguir.

Es importante aceptar que, a la hora de establecer cualquier proyecto de manejo, todo lo que no sea relevante para la toma de las previsibles decisiones a tomar en materia de usos, captaciones, intervenciones y obras, o que no repercuta en los pliegos de condiciones o en los presupuestos, debe considerarse improcedente. Los contenidos de utilidad dudosa deben eliminarse directamente o bien pasar a los anexos del proyecto. Suele ser abusivamente frecuente el incluir una exhibición innecesaria de conocimientos por parte de los autores de los proyectos (humo de autor), o bien el desarrollar aspectos que no guardan relación alguna con las actuaciones previsibles que deban analizarse o desarrollarse (ruido de proyecto). Humo y ruido suelen pruebas palpables de bisoñez.

En este sentido, AENOR 2002 estableció la pauta a seguir de forma trasparente: *El proyecto debe redactarse de forma clara, concisa y concreta, con amplitud bastante para desarrollar los aspectos que interesan a su destinatario y de forma que quien deba aplicarlo y controlarlo pueda hacerlo, sin necesidad de solicitar al autor aclaraciones sin las que no sea posible su interpretación.*

La norma de AENOR 2002, sobre criterios generales para la elaboración de proyectos, se refiere básicamente a los proyectos de obra que, en materia de manejo, serían realmente los proyectos de plan anual; pero es perfectamente aplicable a los proyectos de ordenación. Más aún: urge aplicarla, para que todos los proyectos propios de la ingeniería del desarrollo sostenible sean lo más similares posible a los del resto de las ingenierías.

2.4.3. Propiedad intelectual

Es recomendable establecer para los proyectos de manejo determinados controles añadidos, tales como: competencia de su autor o autores para la redacción de este tipo de documentos (titulación, colegiación, visado); ausencia de incompatibilidades éticas o de otro tipo; asunción de los correspondientes deberes y responsabilidades laborales y fiscales; aprobación administrativa cuando sea necesaria; acuerdo previo con los interesados; aceptación de modelos y prácticas de supervisión...

Debemos recordar, también, que todo proyecto, de ingeniería o arquitectura, es un proyecto de autor (individual o colectivo), amparado por la legislación sobre propiedad intelectual (LEY 2/2019).

Hoy es fácil detectar prácticas técnicas defectuosas en materia de proyectos de manejo, que colisionan y contrastan con las pautas seguidas en otras ingenierías y en la arquitectura. Destacaremos:

☞*Autoría*. El autor de un proyecto de manejo no suele ser posteriormente el responsable de la dirección de las obras proyectadas; entendiendo dentro del término obra a los usos y captaciones, y demás intervenciones y obras físicas propiamente dichas.

☞*Dirección de obras*. Dichas direcciones de obras en muchos casos no suelen estar suficientemente profesionalizadas.

☞*Responsabilidad*. Consecuentemente se diluye la responsabilidad de proyectistas y directores de obra en caso de fracaso de la ingeniería programada y aplicada.

☞*Modificados*. La Administración suele modificar de oficio las propuestas de los autores externos, sin asumir costes ni responsabilidades institucionales o personales en caso de fracaso del manejo.

☞*Revisiones*. En el estadio de seguimiento no suele respetarse la propiedad intelectual del autor del proyecto de ordenación inicial. Así, muchas revisiones de ordenación acaban siendo ajenas al ensayo heurístico inicialmente diseñado y quiebran la continuidad del experimento científico programado. El resultado del abusivo y habitual "corta y pega" es la ausencia de responsabilidades personales y la falta de rigor y consecuente trivialización del manejo, tanto en lo técnico como en lo científico.

2.4.4. Redacción de proyectos de manejo

Todo proyecto de manejo ya sea proyecto de ordenación (proyecto de programación) o de plan anual (proyecto de obras), es un proyecto de ingeniería como cualquier otro, un proyecto de ingeniería del desarrollo sostenible. Por tanto, debe contener los mismos documentos que cualquiera de ellos, y en cada documento debe constar su correspondiente "lugar, fecha y firmas".

Seguiremos aquí, de forma casi literal, los criterios básicos de AENOR 2002, y añadiremos en cada documento de AENOR las peculiaridades propias de los proyectos de manejo, para que puedan integrarse estos de forma fácil y natural en dicha normativa general.

2.4.5. Contenidos exigibles

2.4.5.0. Documento n.º 0. Índice general

☞ *Contendrá cada uno de los índices de los diferentes documentos que componen el proyecto* (AENOR 2002).

2.4.5.1. Documento n.º 1. Memoria

☞ *Además de hacer de nexo entre todos los documentos del proyecto, debe justificar las soluciones adoptadas y, con los planos y pliegos de condiciones, describir de forma clara e inequívoca su objeto. La memoria debe ser comprensible para profesionales en la materia, para terceros y para el cliente; especialmente en lo que se refiere a los objetivos, las alternativas estudiadas, sus ventajas e inconvenientes, y las razones que han conducido a la solución elegida* (AENOR 2002).

☞ En los proyectos de ordenación la memoria debe desarrollar las descripciones y análisis conceptuales precisos sobre las condiciones ambientales globales (legales, sociales, técnicas, ecológicas, y económicas) y sobre los valores, usos, recursos e impactos ambientales, limitaciones, potencialidades y oportunidades, potenciales o presentes; así como sobre las valoraciones y los costes económicos en el espacio manejado. También las condiciones establecidas para la gestión posterior del proyecto (normas de aplicación, supervisión, control y seguimiento). La memoria del proyecto de ordenación será el referente central y guía de la memoria propia de cada uno de los posteriores y sucesivos proyectos de plan anual.

2.4.5.2. Documento n.º 2. Anexos

Se incluyen los documentos que desarrollan, justifican o aclaran apartados específicos de la memoria y otros documentos del proyecto. Se excluyen los anexos que, por norma legal, deban ser incluidos en el documento n.º 7 (Estudios con entidad propia). (AENOR 2002)

En el manejo de los valores, usos y recursos, el anexo sobre el diseño y cálculo de sostenibilidad de las estructuras ambientales afectadas es imprescindible. La genuina ingeniería del desarrollo sostenible exige una clara demostración numérica (cuantitativa) de la racionalidad de las propuestas efectuadas, y esto en sus tres sentidos básicos: el social, el técnico-ecológico y el económico. La existencia de este cálculo estructural previo, anexo al proyecto de ordenación, y azares por medio, no impide que, en ocasiones, un proyecto de plan anual deba desarrollar igualmente su propio cálculo; aunque bien entendido que siempre con un diseño del espacio modelo similar al establecido por el proyecto de ordenación.

2.4.5.3. Documento n.º 3. Planos

Contendrá los planos y croquis necesarios para que la solución propuesta quede suficientemente identificada y definida para la ejecución del proyecto. (AENOR 2002).

Con iguales condiciones en el caso de los proyectos de manejo.

2.4.5.4. Documento n.º 4. Pliegos de condiciones

Tienen como misión establecer las condiciones técnicas, económicas, administrativas y legales, para que el objeto de proyecto pueda materializarse en las condiciones especificadas, evitando posibles interpretaciones diferentes de las deseadas. Recogerán las especificaciones que deban cumplir los materiales de construcción, material vegetal y animal, y componentes que sean necesarios para ejecutar el proyecto, incluyendo las condiciones de producción o fabricación, las condiciones de transporte y recepción de en obra, las condiciones de montaje o de ejecución de las obras, las pruebas a desarrollar antes de realizar la recepción de cada una de las unidades de obra, y las condiciones de explotación. (AENOR 2002).

✐En materia de manejo deben desarrollarse, además, los pliegos de condiciones técnicas generales, especiales y particulares establecidos para los espacios afectados.

2.4.5.5. Documento n.º 5. Estado de mediciones

✐*Su objetivo es definir y determinar las unidades de cada partida o unidad de obra que configuran la totalidad del producto, obra, instalación, servicio o software objeto del proyecto. Debe incluir el número de unidades y definir las características, modelos, tipos y dimensiones de cada partida de obra o elemento del objeto del proyecto. Se suele incluir en el documento n.º 6 (presupuesto).* (AENOR 2002)

✐En los proyectos de manejo se añadirán el tipo y cuantía de las unidades de "cosa cierta", establecidas para la aplicación, supervisión, control y seguimiento de los usos y captaciones proyectados en ellos.

2.4.5.6. Documento n.º 6. Presupuesto

✐*Su misión es determinar el coste económico del objeto del proyecto. Se basará en el estado de mediciones y seguirá su misma ordenación.* (AENOR 2002)

✐En los proyectos de manejo, el proyecto de ordenación debe establecer la cuantía aconsejable para los fondos económicos referenciales inicialmente establecidos. Estos fondos referenciales servirán para enmarcar los presupuestos de las actuaciones a ejecutar que los precisen (usos y captaciones, y demás intervenciones y obras) en los sucesivos proyectos de plan anual. Si en los proyectos de plan anual los presupuestos deben ser establecidos como en cualquier otro proyecto de obra (porque lo es), en el proyecto de ordenación esos fondos referenciales, para ser tales, deben ser proporcionados a la entidad del valor gestionado de lo que se maneja. Después, su distribución racional entre los diferentes costes de producción y rentas a atender deberá ser acorde con las oportunidades y necesidades reales previsibles en el espacio ordenado.

2.4.5.7. Documento n.º 7. Estudios con Entidad Propia

🖛 *Los que en cada caso sean requeridos por exigencias legales. Como ejemplos más típicos: seguridad y salud, control de residuos, e impacto ambiental.* (AENOR 2002)

🖛 Porque todo proyecto de manejo es en sí mismo una optimización ambiental, parecería que referirse a su impacto ambiental sería redundante e innecesario; pero una relectura del proyecto, y una cuantificación de su sostenibilidad y de su contribución final al desarrollo sostenible, efectuadas por su autor desde la perspectiva de una precertificación de su calidad como proyecto y de su calidad ambiental, son recomendables, e incluso imprescindibles, para una mejor evaluación global, conceptual, cualitativa y cuantitativa de cualquier proyecto de manejo.

2.4.6. Los pliegos de condiciones técnicas en el Manejo

2.4.6.1. Tipos de pliegos

Además de los pliegos de condiciones de AENOR 2002 (Documento 4) y de los que podríamos denominar pliegos de condiciones técnicas naturales (las reglas del arte correspondientes en cada caso a cada arte u oficio, y los posibles códigos de conducta y buenas prácticas a aplicar en materia de usos y recursos, y demás intervenciones y obras) a efectos de manejo, los pliegos de condiciones técnicas pueden ser de tres tipos:

🖛 *Pliegos de condiciones técnicas generales.* Los exigibles para actuar (usos y recursos, y demás intervenciones y obras) dentro de un determinado tipo de espacio; por ejemplo, fincas privadas, montes de utilidad pública (MUP), parques naturales, parques nacionales...

☞*Pliegos de condiciones técnicas especiales*. Condiciones especiales que afectan a las actuaciones a ejecutar sobre cada valor, uso o recurso en un tipo de espacio genérico; por ejemplo, aprovechamientos de pastos, o de pesca, o de leñas... en los montes de utilidad pública (MUP).

☞*Pliegos de condiciones técnicas particulares*. Condiciones particulares, a aplicar a un valor, uso o recurso dentro del espacio concreto que se maneja; por ejemplo, aprovechamiento de pastos en el MUP nº 111.

o *Desarrollo*. En cada proyecto de manejo se deben desarrollar adecuadamente estos pliegos de condiciones técnicas particulares. Las reglas del arte y códigos de conducta y buenas prácticas, así como los pliegos generales y los pliegos especiales, por su misma generalidad, suelen darse por sobreentendidos, bastando usualmente con su mera mención.

o *Concreción*. La concreción de estos pliegos particulares es habitualmente mayor en los proyectos de plan anual que en el proyecto de ordenación, pues este no puede prever con igual seguridad las situaciones reales de cada anualidad futura.

o *Información*. Cada interesado y agente, además de cumplir con sus correspondientes reglas del arte y en su caso con su código de conducta y buenas prácticas, debe conocer todos los pliegos de condiciones técnicas particulares que le afecten en cada caso.

2.4.6.2. *Pliegos de condiciones técnicas particulares*

Deben establecer, como mínimo y con la mejor precisión posible:

☞*Estructura temporal*.

o *Anualidad*. En ocasiones, una unidad elemental (biológica o no) tiene un periodo hábil, de uso o de captación, que abarca la anualidad completa. No siempre la anualidad coincide con el año natural. Para cada unidad elemental, de uso o de captación, debe fijarse una fecha para la terminación e inicio de su anualidad. Suele usarse la fecha de mínimas existencias o censos anuales de cada población, o la final de cada uso. La anualidad es la unidad básica de la organización temporal más común de los usos y captaciones, aunque a veces se usan unidades plurianuales (trienios, quinquenios…).

o *Periodo hábil*. Dentro de una anualidad, pueden existir vedas (tiempo prohibido) para la ejecución de obras, intervenciones, usos o captaciones; ya sea por razones biológicas (celo, reproducción, crianza y viaje de retorno prenupcial), de compatibilidad (con otros valores, usos, recursos, usuarios…), sanitarias, u otras (en los bosques: plagas, incendios… en algunos pastos periodos de descanso o de resiembra…). El tiempo no vedado dentro de la anualidad es el llamado periodo hábil; sobreentendiéndose hábil para la ejecución de obras, intervenciones, usos y captaciones.

o *Temporadas*. Dentro del periodo hábil total, pueden llegar a diferenciarse una o más temporadas hábiles para la ejecución de las distintas obras, intervenciones, usos y captaciones; establecidas a veces por razones de manejo (internas al espacio) y otras por razones de normativa (externas al espacio).

o *Número de unidades temporales hábiles*. Dentro de una misma temporada hábil puede haber diferentes unidades temporales hábiles que son las que más nos interesan ahora: número de unidades temporales hábiles para ejecutar obras, intervenciones o alguna modalidad de uso o de captación. Usualmente la unidad temporal es el día hábil, aunque en ocasiones, y según casos, se usan semanas, quincenas u otras.

☞ *Modalidades*.

o *Modalidades de uso o captación autorizadas*. Ya sean selectivas o mixtas.

o *Unidades elementales.* Biológicas (recursos) o no (usos), susceptibles de ser captadas o usadas con cada modalidad, ya sea esta selectiva o mixta.

o *Limitaciones técnicas* establecidas para la práctica de las distintas modalidades.

☞ *Agentes.*

o *Número de agentes equivalentes autorizados.* Número total de agentes equivalentes autorizados para practicar una determinada modalidad de uso o de captación en la superficie neta manejada. Frecuentemente los agentes son iguales entre sí, y entonces basta con establecer simplemente su número total; pero otras veces tienen diferencias significativas en su derecho de uso o captación, o bien utilizan medios de uso o captación distintos, lo que conduce a impactos diferenciados, y obliga a convertir los agentes físicos (iniciales) a agentes equivalentes (finales).

o *Asistencia.* Normas sobre la asistencia potencial de los agentes, individualmente considerados, siempre dentro de las unidades temporales hábiles que estén autorizadas en el espacio ordenado, y siempre al margen de sus propias decisiones individuales de asistir o no asistir a ejercer su derecho de usar o captar.

☞ *Cuantía, calidad y estado de los usos y captaciones más probables.*

o *Cuantías.* En su caso, Total Obligado de Captación (TOC) o Total Admisible de Captaciones (TAC) o bien de usos en el espacio ordenado, cuotas por tipos de agentes o bien individuales (por periodo o por temporada), cupos (por agente y unidad temporal hábil), horarios...

o *Captaciones.* Número, calidades y estados de las captaciones que previsiblemente se lograrán, si la temporada de captación resulta finalmente típica o media: libre de azares. Lo mismo en lo que concierne a la ejecución de los usos.

☞ *Medidas extraordinarias*.

- o *Azares y emergencias*. Es frecuente la necesidad de tomar medidas excepcionales ante eventuales azares y situaciones de emergencia, biológicas o de otro tipo.

- o *Indicadores de alerta*. En ocasiones puede llegar a ser preciso suspender anticipadamente las intervenciones y obras, y muy especialmente los usos y captaciones previstos; por ejemplo, por aplicación de los indicadores de alerta previstos en su caso por el proyecto de manejo (los indicadores de alerta avisan de cuándo comienzan a ser escasas las existencias o censos residuales, respecto de los ideales programados).

☞ *Sanciones*.

- o *Particulares*. Régimen particular sancionador, propio de la ordenación y del espacio, añadidas y al margen de otras posibles sanciones de nivel superior, ya sean estas de carácter general o especial.

3. FIGURAS

Figura 1. Recursos naturales renovables (s.l.)

En su sentido más amplio o lato (s.l.), dentro de los comúnmente llamados recursos naturales renovables, incluimos a los valores, a los usos (ambos servicios intangibles) y a los recursos (bienes tangibles) entendidos ahora en su sentido estricto (s.e.). Todos ellos son beneficios potenciales o presentes en los espacios más o menos naturales (marinos o continentales, terrestres o acuáticos, protegidos o no) que deben ser sometidos a una misma ingeniería del desarrollo sostenible.

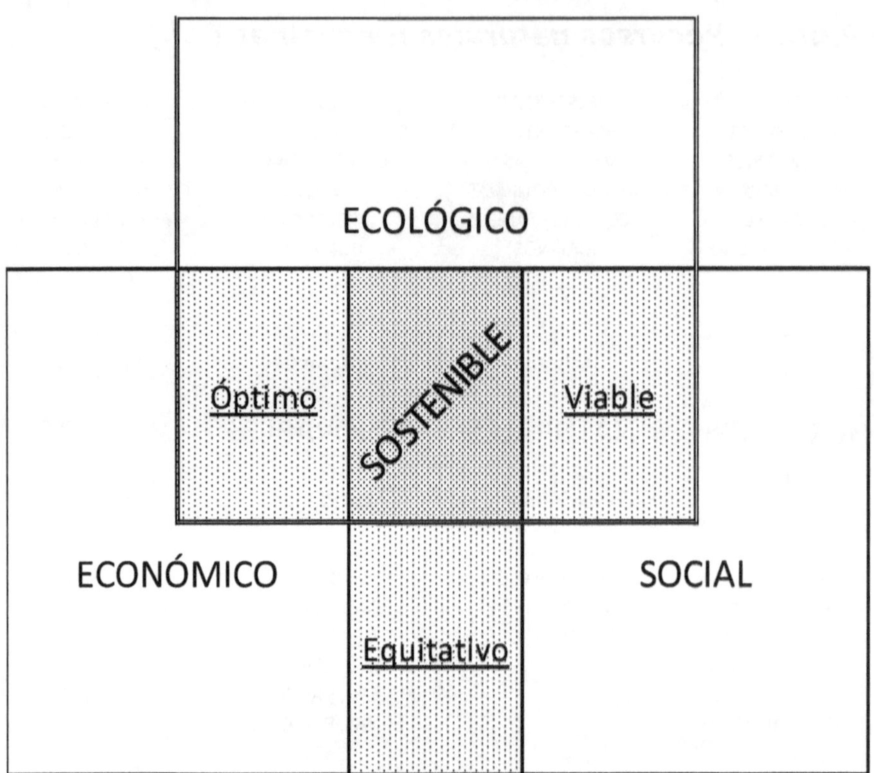

Solo es genuinamente sostenible aquello que resulta simultáneamente óptimo, viable y equitativo desde la triple perspectiva de la sostenibilidad: lo ecológico, lo social, y lo económico.

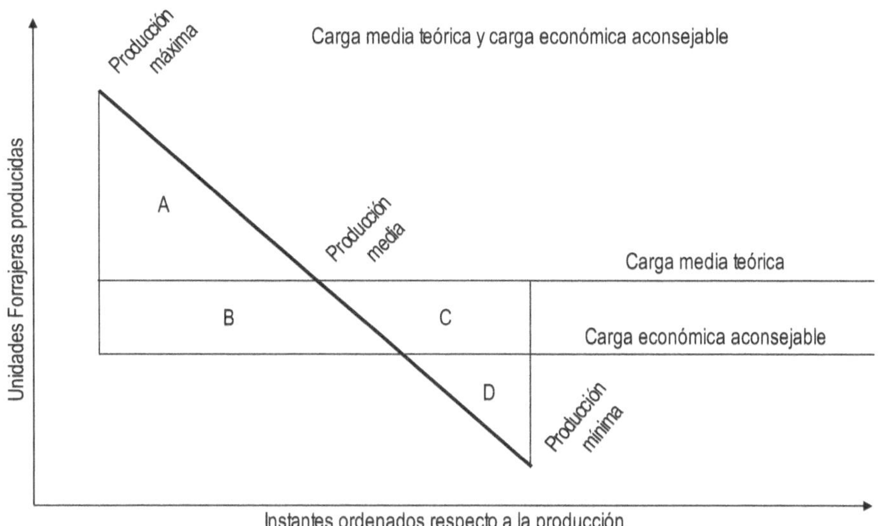

Ante la irregularidad productiva, dentro del año y entre años, si solamente tuviéramos en cuenta el número de unidades forrajeras (NUF) producidas por los pastos, adoptaríamos una carga media teórica, para que con su consumo hiciera A = C + D; es decir: sobrantes igual a déficits. Pero cuando se tiene en cuenta el mayor coste de la complementación respecto al valor de los pastos, es preciso adoptar una carga económica significativamente menor, perdiéndose en valor de UF pastorales (B) no aprovechadas, lo que ahorraremos en UF de complementación (C); siendo el valor economizado en C = Valor perdido en B. Siempre NUFB > NUFC, porque el precio de las UFC > Precio de las UFB. Por tanto, el "derroche" de B = "ahorro" en C. La mayor parte de las estaciones y años parecerá haber un sobrante de pastos (UF marginales). Se diría casi siempre que la carga es demasiado baja, respecto a las existencias de pastos observables en campo (aparte de otros posibles rechazos y residuos que puedan añadirse). Toda irregularidad inter- o intra-anual en materia de valores, usos y recursos tiene iguales efectos de aparente despilfarro.

Figura 4. Crecimiento anual y Crecimiento medio

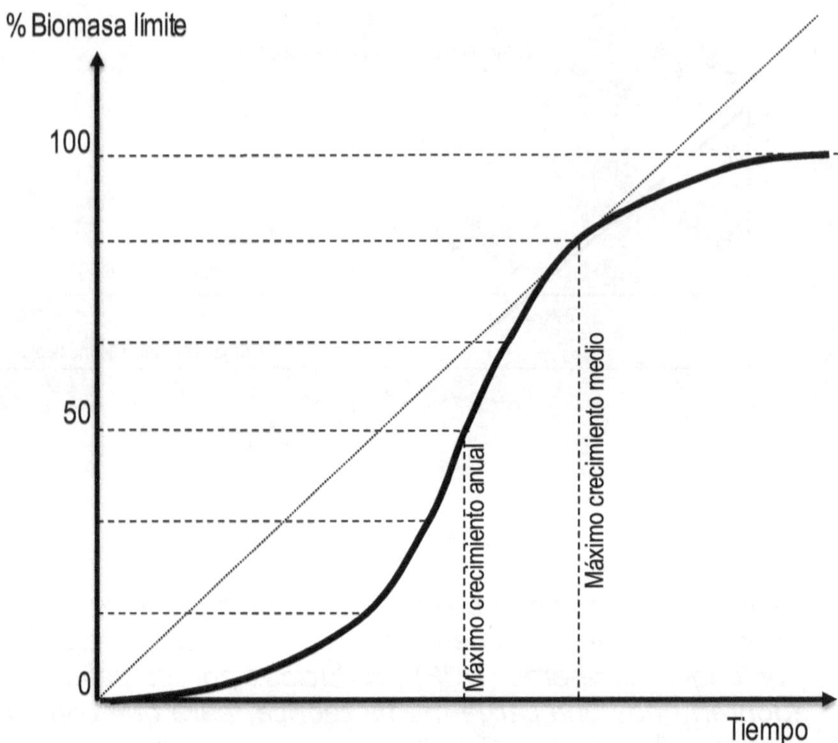

Las poblaciones, como los individuos, crecen a lo largo del tiempo siguiendo una curva sigmoide. Son sus puntos más relevantes: 1º/ el superior (límite individual o colectivo al crecimiento: máxima acumulación de biomasa, individual o poblacional), 2º/ el de máximo crecimiento medio (máximo crecimiento por unidad de tiempo, o "máxima renta en especie"), y 3º/ el de máximo crecimiento anual (óptimo de vitalidad, situado en los niveles intermedios de la acumulación posible de biomasa).

Figura 5. Manejo de los procesos de perturbación

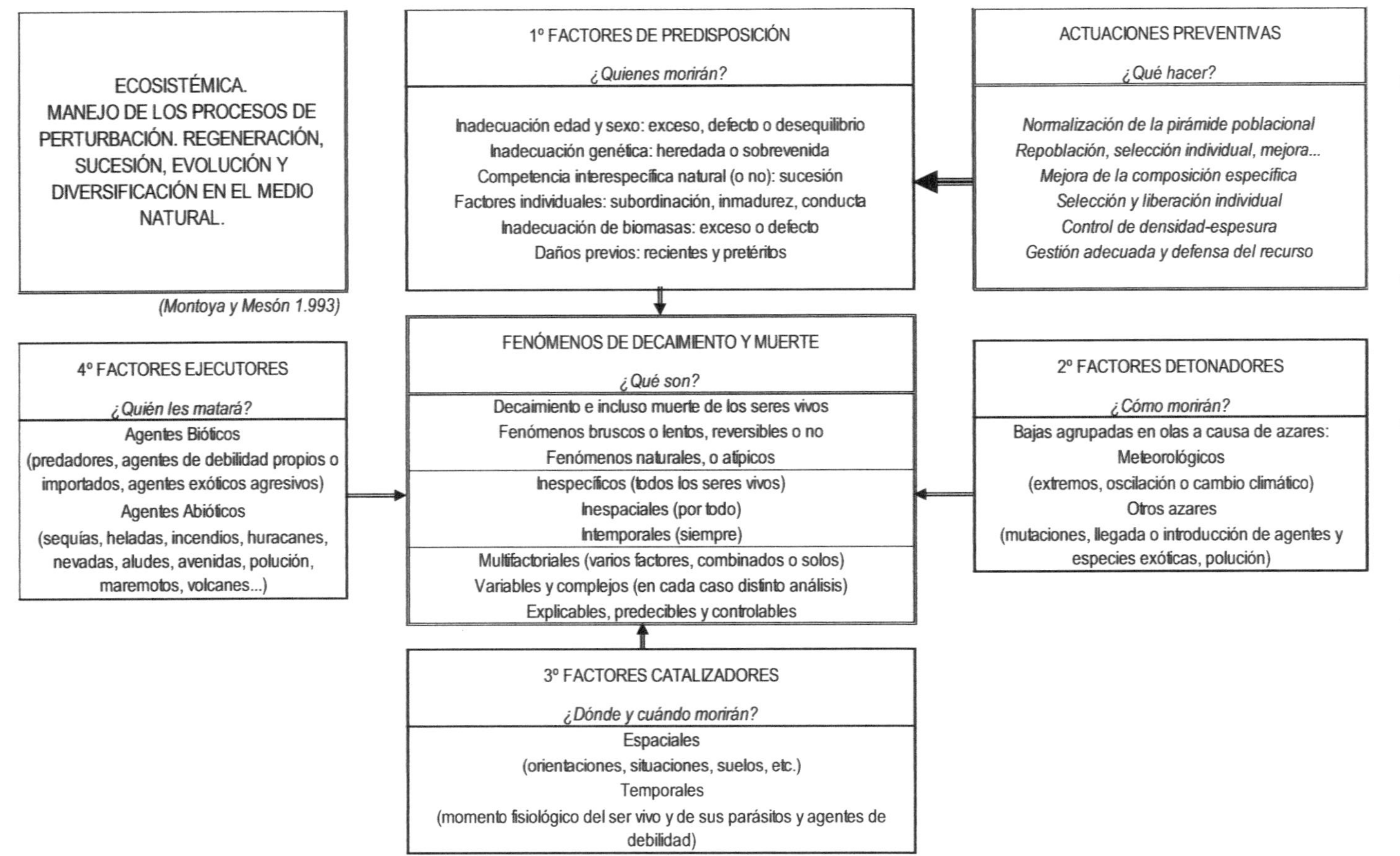

Figura 6. Sigmoide. Evolución natural de la biomasa

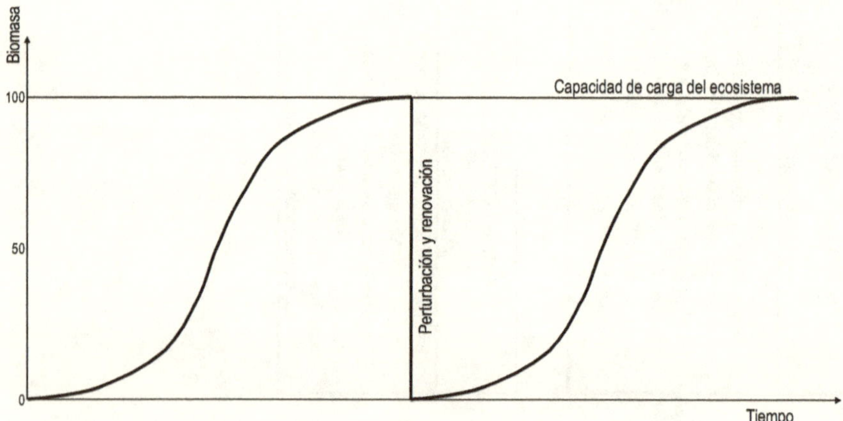

Llegada la población al límite de la capacidad de carga de su ecosistema, más tarde o más temprano, acaban apareciendo fenómenos de perturbación que renuevan la evolución de la biomasa. Tras la catástrofe natural que significan (y que no tiene porqué llegar hasta cero como en el ejemplo) se reinicia la reconstrucción de la población. Obsérvese que la reconstrucción es muy lenta cuando quedan demasiado pocos, muy rápida en condiciones intermedias, y que vuelve a ralentizarse, cuando la población se adensa y aproxima a la capacidad de carga del ecosistema.

Figura 7. Protocolo de manejo e investigación

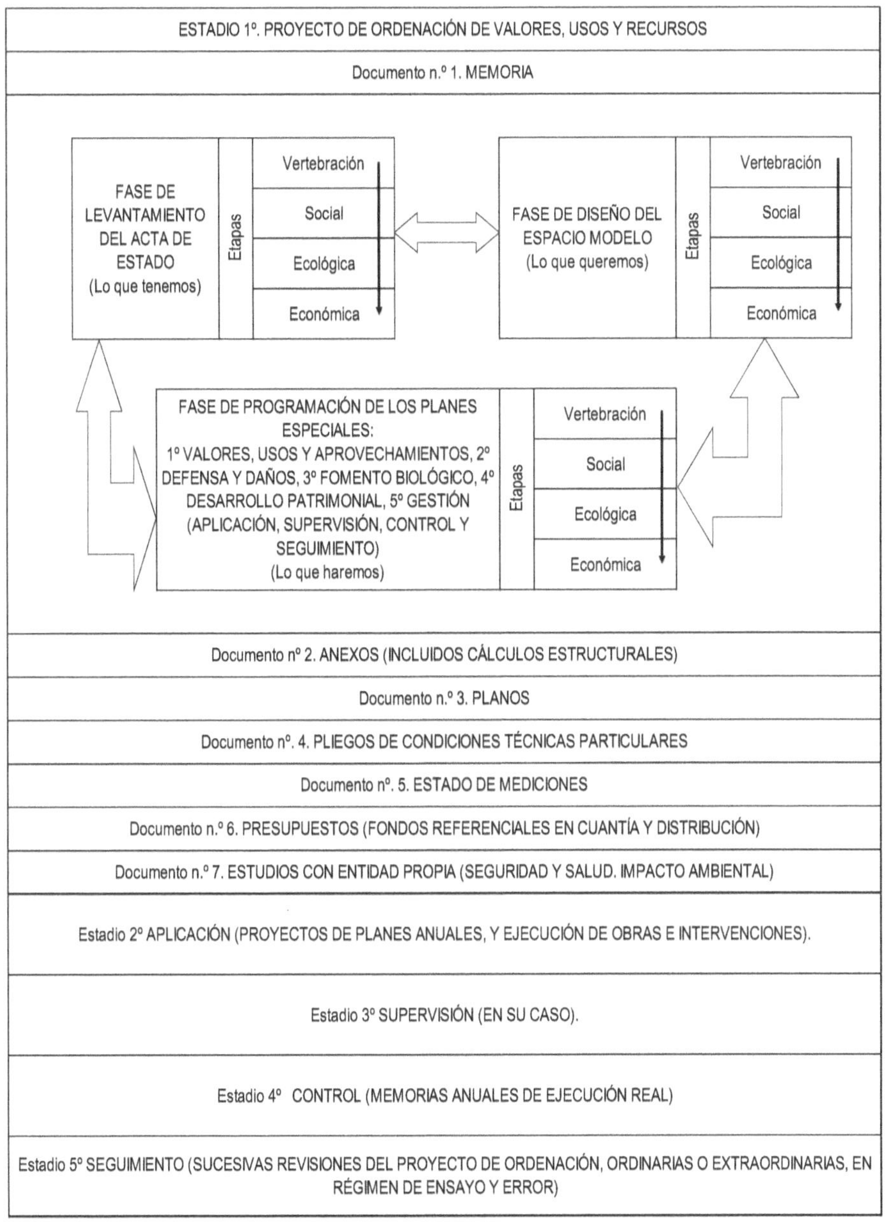

Figura 8. Fases y etapas del algoritmo local

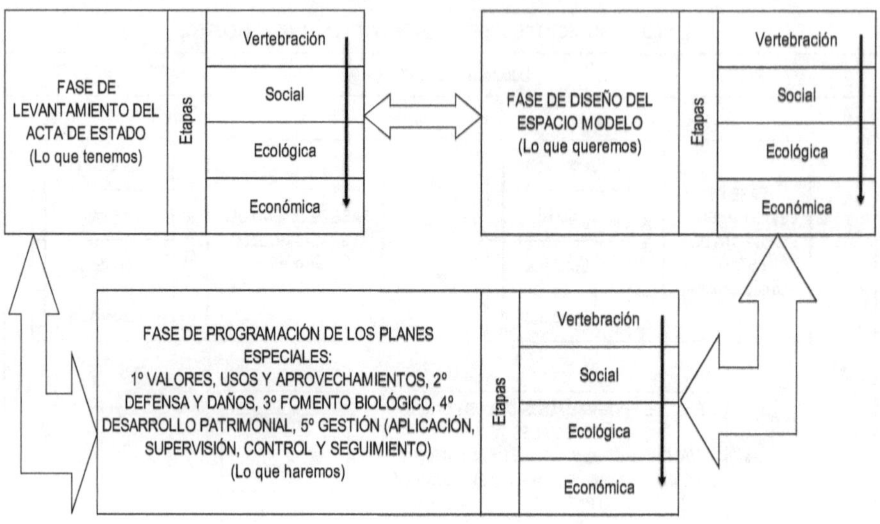

Figura 9. Sigmoide intervenida

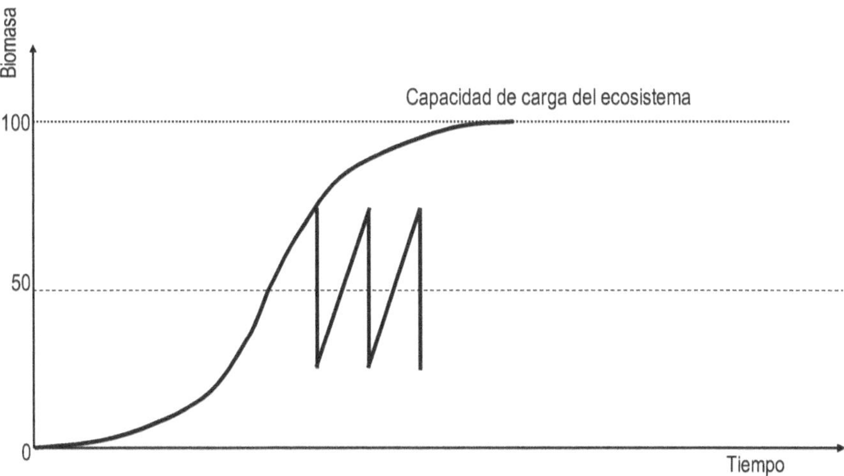

La regulación constante de la densidad de la biomasa presente, mediante repetidas extracciones, permite mantener una biomasa poblacional, llamada "normal" (situada aproximadamente en el 50 % de la capacidad de carga del ecosistema), situada en torno al momento de máximo crecimiento poblacional anual. Nunca la población llegará a debilitarse por exceso o defecto de biomasa, al mantenerse siempre relativamente lejos de la capacidad de carga y de descarga del ecosistema. La producción total obtenida por unidad de tiempo (tramo vertical extraído a cada vez) será la máxima posible. Esta extracción, la máxima posible por unidad de tiempo, y aunque mediando siempre la regeneración debida, podría continuar indefinidamente; si no hubiera una regeneración intermedia y continua, el proceso estaría limitado por la longevidad misma de los individuos residuales; lo que obligaría rotaciones de regeneración finales y discontinuas.

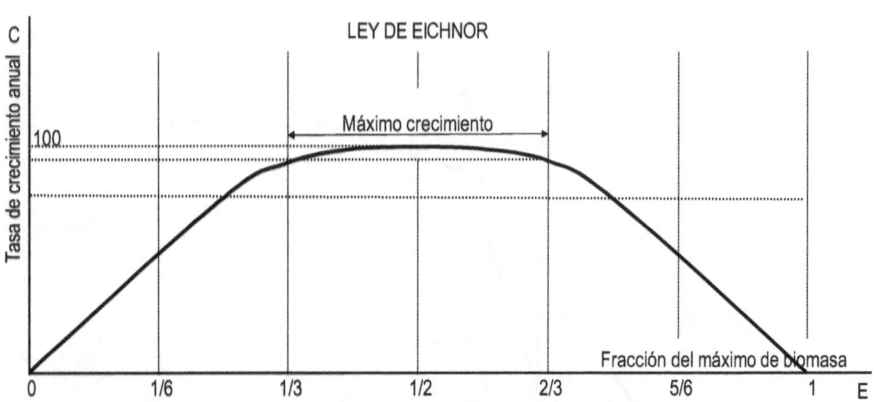

Gráfico tradicionalmente atribuido en el universo maderero a EICHNOR, y que es sencillamente la derivada de la curva sigmoide. Se observa en él cómo, en un amplio intervalo de biomasas calificables de "normales" (aproximadamente de 1/3 a 2/3 de la capacidad de carga del ecosistema), el crecimiento total de la población es muy similar al máximo. No extraer la biomasa excedente, llevará a la decadencia del crecimiento por exceso de biomasa, incrementándose además los riesgos de perturbaciones (bióticas o abióticas). Extraer de forma abusiva la biomasa tendrá similares efectos, de aquí la necesidad técnica de mantener constantemente un manejo ordenado y racional. Generalizamos desde MONTOYA 1981 la sigmoide y este mismo gráfico (derivado de ella) al manejo de todos los recursos naturales renovables vivientes.

4. BIBLIOGRAFÍA

AENOR 2002. *Norma española: UNE 157001 (febrero 2002). Criterios generales para la elaboración de proyectos*. Edita AENOR. Madrid

ALLUÉ ANDRADE J. L. 2014. Comunicación personal. Madrid

BACON F. 1878. *Novum Organum*, libro I, aforismo 129. Editorial Orbis. Barcelona, 1984. Página 81.

BRUNDTLAND G. H. 1987. *Our Common Future*. World Commission on Environment and Development. ONU.

CABEZAS CEREZO J. de D., ALCANDA VERGARA J. 2008. *La normalización forestal en la gestión de los montes españoles*. Revista Foresta nº 40. (págs. 68-77). ISSN 1575-2356. Edita Colegio Oficial de Ingenieros Técnicos Forestales. Madrid

CLUB DE ROMA 1.972. *The limits to growth*. A Potomac Associates Book.

CURY, A. 2006. *Organização e métodos: uma visão holística*. Edita Atlas.

DÁVILA, G. 2006. *El razonamiento inductivo y deductivo dentro del proceso investigativo en ciencias experimentales y sociales*. http://www.redalyc.org/articulo.oa?id=76109911. ISSN 1315-883X

DE BONO, E. 2006. *El pensamiento lateral: manual de creatividad*. Biblioteca Edward De Bono. Amazon.es.

EINSTEIN A. 1.905. *Un punto de vista heurístico sobre la producción y transformación de luz*. Annalen der Physik. Leipzig

FAO 1999. *Orientaciones Técnicas para la Pesca Responsable. La Ordenación Pesquera*. Edita FAO. Roma. ISBN 92-5-303962-0. Disponible en Internet. (pp. 1-81).

FERNANDEZ BUEY, F. 2004. *Filosofía de la sostenibilidad*. Curso de "Ética y filosofía política". Madrid.

FERRETI, E. R. 2014. *El régimen jurídico internacional de la pesca en alta mar y la OROP del Pacífico Sur*. Agenda Internacional, 2014, vol. 20, no 31, p. 71-97.

HOLLING C., S. 1973. *Resilience and Stability of Ecological Systems*. Annu. Rev. Ecol. Syst. 4:1-23.

MAC ARTHUR, R.H. & WILSON, E.O. 1967. *The Theory of Island Biogeography*. Princeton University Press. Princeton N. J. USA.

MANION P.D. 1991. *Tree disease concepts*. Prentice-Hall, Londres. 402 pp.

MEADOWS D.H., MEADOWS D., RANDERS J. 1991. *Beyond the limits*. Editado en español como *Más allá de los límites del crecimiento*. Ediciones "El País" / Aguilar. Madrid.

MINISTERIO DE AGRICULTURA 1970. *Ordenación de montes arbolados*. Dirección general de montes, caza y pesca fluvial. Madrid. (pp. 1-118).

MINISTERIO DE MEDIO AMBIENTE 2.004. *La seca: el decaimiento de encinas, alcornoques y otros Quercus en España*. Edita: Ministerio de Medio Ambiente. Dirección General para la Biodiversidad. ISBN 84-8014-562-5.

MONTOYA OLIVER J. M. 1.981. *Técnicas selvícolas para el manejo piscícola*. Curso de Ordenación, conservación y aprovechamiento piscícola de embalses. Escuela Universitaria de Ingeniería Técnica Forestal. Madrid.

MONTOYA OLIVER J. M. 1.983. *Pastoralismo mediterráneo*. Edita ICONA. Monografía número 25. Ministerio de Agricultura. Madrid (pp. 1-162). ISBN 84-7479-173-1

MONTOYA OLIVER J. M. 1989. *La estructura de un proyecto de ordenación cinegética*. Revista Caza y pesca, número 557. Mayo 1.989. Edita Caza y pesca. Madrid.

MONTOYA OLIVER J. M. 1.991. *Una explicación a la mortandad de encinas y alcornoques*. Revista Quercus, número 66. Agosto 1.991. Edita Colectivo Quercus. Madrid.

MONTOYA OLIVER J. M. 2011. *Caza, ingeniería y cálculo de estructuras biológicas*. Revista MONTES nº 114. Editan Asociaciones y Colegios Oficiales de Ingenieros de Montes y Ingenieros Técnicos Forestales. Madrid.

MONTOYA OLIVER J. M. 2013. *Pastoralismo*. Edita Fundación Conde del Valle de Salazar. Universidad Politécnica de Madrid (UPM). Madrid.

MONTOYA OLIVER J. M. 2014. *Cálculo de estructuras biológicas. Principio de unicidad y procesos de vertebración*. Revista FORESTA nº 59. Editan Asociación y Colegio Oficial de Ingenieros Técnicos Forestales. Madrid. (pp. 59-70). *WWW.redforesta.com*

MONTOYA OLIVER, J. M., MESÓN GARCÍA Mª. Luisa. 1.993. *Mortandad de encinas y alcornoques*. Hojas Divulgadoras nº 11/93. Edita: Ministerio de Agricultura, Pesca y Alimentación. Secretaría General de Estructuras Agrarias. Madrid. (pp. 1-20). ISBN 84-341-0811-9.

MONTOYA OLIVER J. M., MESON GARCÍA Mª LUISA 2004. *Selvicultura*. Editan Fundación Conde del Valle de Salazar y Mundi-Prensa Libros. Madrid. (pp. 1-1.142)

MONTOYA OLIVER J. M., MESÓN GARCÍA Mª. L. 2.015. *Fundamentos de la tecnología de la sostenibilidad (Diseño y cálculo de estructuras biológicas. Hacia una economía según la Naturaleza)*. Edita FUCOVASA. Universidad Politécnica de Madrid. Madrid. (1ª Edición 2015. ISBN. 978-84-96442-63-4. pp.1-111. 2ª Edición 2016. ISBN 978-84-96442-71-9. pp. 1-127).

MONTOYA OLIVER J. M., MESÓN GARCÍA Mª. L. 2.016a. *Vertebración y sociología en el manejo de los recursos naturales renovables (Tecnología de la sostenibilidad. Diseño y cálculo de estructuras biológicas)*. Edita FUCOVASA. Universidad Politécnica de Madrid. Madrid. (ISBN. 978-84-96442-70-2. pp.1-162).

MONTOYA OLIVER J. M., MESÓN GARCÍA Mª. L. 2.016b. *Técnica y ecología en el manejo de los recursos naturales renovables (Tecnología de la sostenibilidad. Diseño y cálculo de estructuras biológicas)*. Edita FUCOVASA. Universidad Politécnica de Madrid. Madrid. (ISBN. 978-84-96442-74-0. pp.1-214).

MONTOYA OLIVER J. M., MESÓN GARCÍA Mª. L. 2.016c. *Economía y calidad en el manejo de los recursos naturales renovables (Tecnología de la sostenibilidad. Diseño y cálculo de estructuras biológicas)*. Edita FUCOVASA. Universidad Politécnica de Madrid. Madrid. (ISBN. 978-84-96442-77-1.

MONTSERRAT RECODER P. 1972. *Estructura y función en los*

agrobiosistemas. <u>Revista Pastos nº 1. Vol. 2</u>. ETSI de Montes. Madrid.

NAVARRO GARNICA M. 1955. *Instrucciones provisionales para la Ordenación del Pastoreo en los Montes. El Pastoreo en los Montes. Pastizales Españoles*. <u>Edita: Patrimonio Forestal del Estado. Ministerio de Agricultura</u>. Madrid

ORTEGA Y GASSET J. 1942. *Prólogo al libro Veinte años de caza mayor* de D. Eduardo Figueroa Alonso-Martínez, Conde de Yebes. Madrid.

PIAGET J. 1967. *La psychologie de l´intelligence*. <u>Librairie Armand Colin</u>. Paris

PÓLIA G. 1.945. *How to solve it:* a new aspect of mathematical method. <u>Princeton Science Library</u>.

RAE 2005. *Diccionario de la lengua española*. <u>Edita Espasa-Calpe</u>. Madrid.

RAWSON, W., CHAMOSO, J. M. 1.998 *¿Hacia unas nuevas matemáticas?* <u>Educación y Cultura en la Sociedad de la Información.</u>

RIECHMAN J. 2004. <u>Trilogía de la autocontención</u>: *Un mundo vulnerable*, <u>La Catarata</u>, 2000; *Todos los animales somos hermanos*, <u>La Catarata</u>, Universidad de Granada, 2003; *Gente que no quiere viajar a Marte*, <u>La Catarata</u>, 2004.

RIECHMANN J. 2014. *Un buen encaje en los ecosistemas*. <u>Edita Los Libros de la Catarata</u>. Madrid.

RIECHMAN J., TICKNER J. (Coordinadores) 2002. *El principio de precaución en medio ambiente y salud pública: de las definiciones a la práctica*. <u>Colección Más Madera (Vol. 33)</u>. Edita Icaria.

SEALTH N. 1854. *Carta a Franklin Pierce*.

WALTON, R. J. 2003. *Imperativo categórico y kairós en la ética de Husserl*. <u>Tópicos nº 11</u>, p. 5-21.